デバイス・アズ・ア・サービス
Device as a Service

新しいPCの運用とモノのサブスクを考える

横河レンタ・リース株式会社
松尾太輔

はじめに

日本のＰＣ運用は、20年進化していないといわれています。

「もったいないから」と、古びたＰＣを使い続ける社員たち。

ＰＣを入れ替えるときは、動作環境を複製する「クローニング」と呼ばれる作業に追われる情報システム部門（通称・情シス）。

今やスマートフォン全盛の時代。24時間、絶え間なくインターネットとつながりながら、アプリケーションをアップデートしていくのが当たり前になりました。

ソフトウエアも、かつてはパッケージソフトをインストールする方式でしたが、クラウドサービスの利用が主流になりつつあります。

ＩＴを取り巻く環境が目まぐるしく進化しているにもかかわらず、日本のＰＣ運用の現場だけは、20年前とほとんど変わっていないのです。

近年、日本の生産性の低さが取り上げられることが増えました。1人当たりの労働生産性はOECD加盟36カ国中21位（日本生産性本部「労働生産性の国際比較2018」より）。人口減少時代に突入し、生産年齢人口が減っていく日本では、生産性を向上させなければ社会は縮こまっていく一方です。

低水準の労働生産性をいかに向上させていくか。これが日本の喫緊の課題なのです。

今、オフィスで働く人はもちろん、外回りの営業パーソンも海外出張の仕入れ担当者もノートPCを持ち歩く時代。20年前から変わらないPC管理が生産性にプラスに働いているわけがありません。それどころか、世界から取り残されている日本のIT環境こそ、生産性向上の足を引っ張っているのが現状です。

しかも、2020年に世界を覆った新型コロナウイルスの影響によって、働き方も暮らしも大きく変わろうとしています。

日本でも、自宅やシェアオフィスなどのオフィス以外の場所で働くテレワークを導入する企業が激増しました。

ＰＣの管理も、時代の変化に合わせた新たな手法に変えていかなければ、新しい働き方への転換が滞ってしまいます。

私の所属する横河レンタ・リースという会社は、月額でＰＣを提供するレンタル会社です。レンタルＰＣは、昨今企業における最適なＰＣ運用方法として採用が増えています。企業におけるＰＣ運用に対するニーズは、ハードウエアのスペックや調達価格のみならず、契約の柔軟性や運用など複雑です。レンタルＰＣは、そのニーズに応えることができる運用方法として、ここ数年シェアを伸ばしています。私は、そのレンタルＰＣと同様に月額でソフトウエアやサービスを提供する事業を担当しています（販売ライセンスの取り扱いも当然あります）。提供するソフトウエアは、Office 365やMicrosoft 365などのマイクロソフトのサブスクリプションや、自社で開発チームを抱え、開発しているFlex Work Placeシリーズです。そこにサポートサービスを組み合わせ、提供しています。とはいえ、これらは特徴的な機能を起点にモノを提供するビジネスです。今の時代、コトを提供し、より直接的な価値をソフトウエアもサービスも高める必要があります。

そこで、ＤａａＳの立ち上げを今まさに行おうとしています

ＤａａＳとは、デバイス・アズ・ア・サービスの略。訳すと、「サービスとしてのデバイス」です。

近年、「モノからコトへ」「所有から利用へ」。このフレーズをさまざまな場面で目にしている方も多いでしょう。とりわけ「サブスクリプション」の名のもと、「モノからコトへ」の新たなサービスが次々と登場しています。

クルマも、服も、オモチャも。

「所有から利用へ」というのが世界的なトレンドになっています。

ＰＣも例外ではありません。

それは、企業の置かれている環境が大きく作用しています。モノを所有すると、必ずロス（余剰）が発生します。昨今の企業は、環境への配慮が強く求められます。株価にも大きく影響します。持続的に成長できるのかという点において、資源を有効活

用しているかということが重要です。レンタルPCの採用が進んでいるのは、このためです。

この流れは、加速していくと思います。ビジネスの世界において、PCを所有する時代が、いよいよ終わろうとしています。

いや、もう終わっているのかもしれません。

すでにPCがあるのは、当たり前。

これからはPCを使うことによってどれだけ仕事の価値を高め、生産性を上げ、新しい働き方へと変わっていくかが問われるのです。

その大きな突破口になるのが、PC運用の新しいカタチであるDaaSです。

すべての人のPCが常にアップデートされて、生産性も高い働き方になる——。

IT管理者も非生産的なPC運用から解放されて、デジタル化などのコアなミッションに集中できる——。

そしてもう一つ。

本章で詳しく述べますが、どうも提供する側も買う側もサブスクリプションやアズ・ア・サービスを正しく理解している人は少数派のように思います。それゆえにサブスクリプションやアズ・ア・サービスがただのはやり言葉、バズワードとして扱われ、提供側にとってのビジネスチャンス、買う側にしても自分たちのビジネスをより向上するための製品、サービスを得る機会を大きくロスする結果となっています。

もはやサブスクリプションやアズ・ア・サービスは、ビジネスの世界にとって欠かせない概念です。これを正しく理解できている人が少ない日本は、グローバルの競争力としては致命的なような気がします。本書は、ぜひサブスクリプションやアズ・ア・サービス、特にモノのサブスクリプションを提供したい、提供を受けたいという方に読んで頂きたいです。

本書が日本においてサブスクリプション、アズ・ア・サービスの理解が進む一助になればなお幸いです。

CONTENTS

第 1 章

日本の PC運用現場の 危機的状況

情シスに若手が入ってこない

あなたの会社に情報システム部門（情シス）があるならば、そのメンバーを思い浮かべてみてください。

情シスの規模にもよりますが、その多くは、40代以降のベテランエンジニアが中心ではありませんか？

日本の情シスの大きな課題。

それは若手が入ってこないことです。世代交代がなかなか進みません。

「企業ＩＴ動向調査２０１９」（日本情報システム・ユーザー協会）の「ＩＴ部門と情報子会社の年齢パターン」（図Ａ）によると、ＩＴ部門の要員は「40代が半数以上」と「50代以上が半数以上」を合わせると３７・２％に上ります。しかも、規模が小さいほど40代、50代中心の割合が大きいのです。

それでも、新卒の学生を採用していれば、年齢構成は若返ります（図表Ｂ）。ところが同調査の「売上高別　ＩＴ部門の新規採用・中途採用人数」（図表Ｃ）によると、売上高1000億円未満の企業では約8割が新規採用0人という結果が出ています。

そもそも、PCの運用がやりたくてITエンジニアを目指す学生が、今の時代にどれだけいるでしょうか。人工知能(AI)やモノのインターネット(IoT)、ビッグデータといった話題性のある先端分野の開発に携わりたいというのが、現代の若者の多くがITエンジニアを目指すきっかけではないでしょうか。おしゃれなオフィスで、ラフな私服で働いている、そんな今どきのITベンチャーに、今どきの若者は憧れるのではないでしょうか。

そして、もし、そうした若手を情シスで採用できたとしても、すぐに辞めてしまう

A: IT部門と情報子会社の年齢パターン

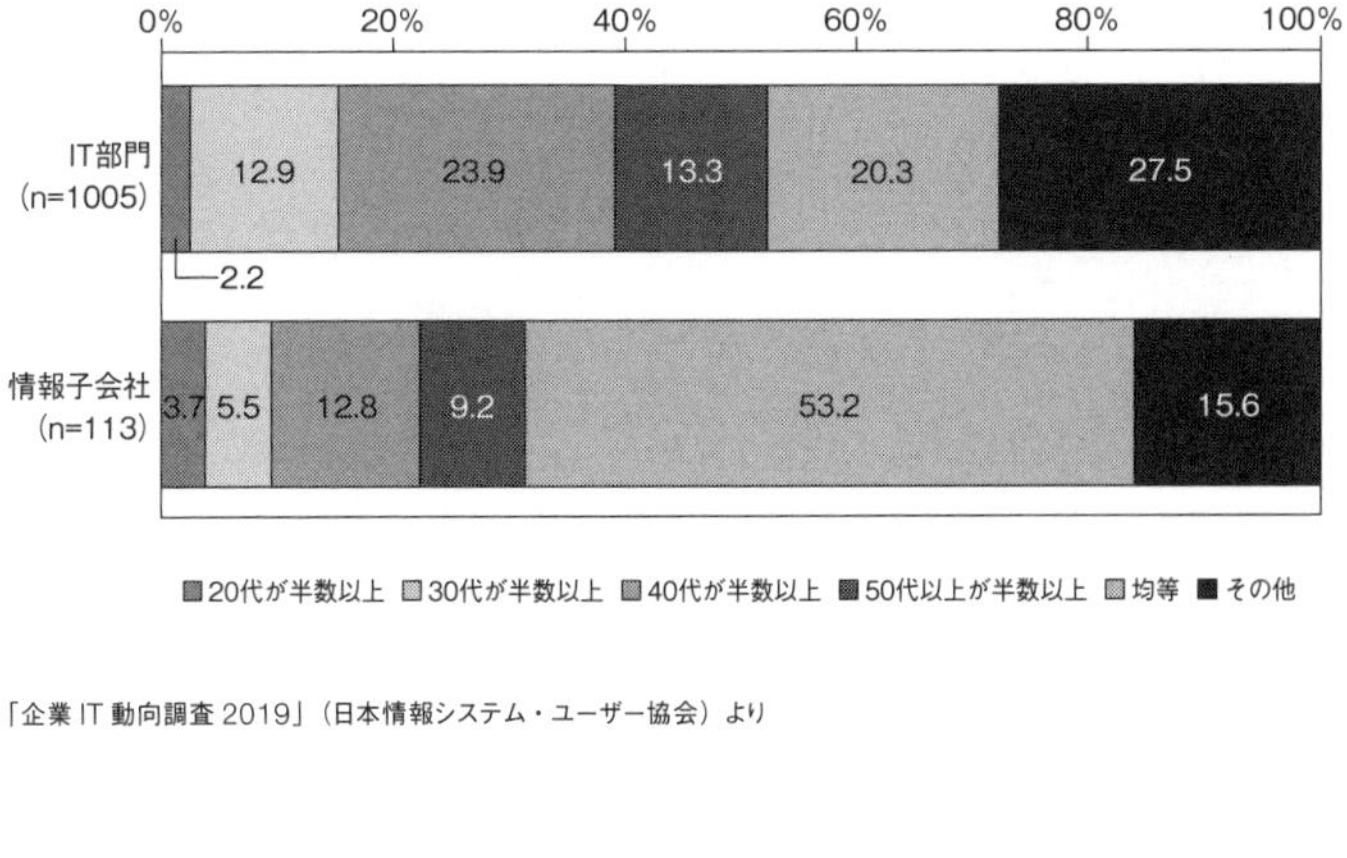

「企業IT動向調査2019」(日本情報システム・ユーザー協会)より

でしょう。

これはＰＣ運用現場に限らず、どの企業の、どの部署にも当てはまりますが、今は、若手に雑用を任せにくい時代です。

新卒採用にかかるコストは大きい。それなのに、多くの業界では新卒が一人前の仕事ができるようになるのに3年くらいはかかります。

3年以内に辞められたら、採用と教育にかけたコストの損失しか残りません。採用担当者も経営幹部もすぐに辞められるのは避けたい。

ですから、すぐに辞めてしまうリスクを取ってまで、情シスで若手を採用しようとはしない企業もあるはずです。


情シスの高齢化が進んでいるのに手を打たないのは、企業が「コストカットによる現状維持」を志向していることの表れという面もあるでしょう。できればコストを減らして、現状維持ができればいい、という考えです。

しかし、ＩＴは現状維持とは最もかけ離れた日進月歩の分野。今、企業は「デジタルトランスフォーメーション（ＤＸ）」を推し進めていかなければ、現状維持どころ

B: IT部門の要員数別 年齢パターン

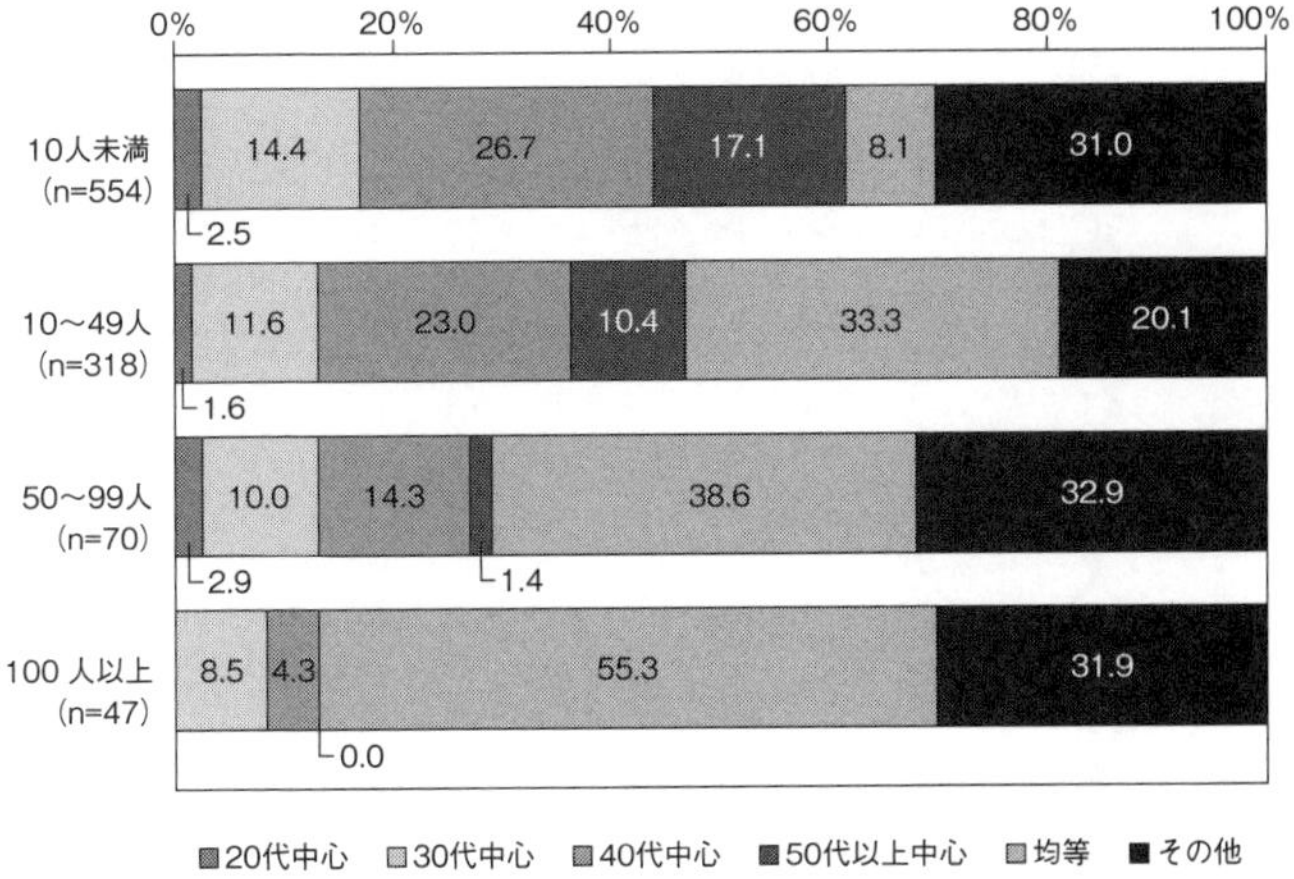

C: 売上高別 IT部門の新規採用・中途採用人数

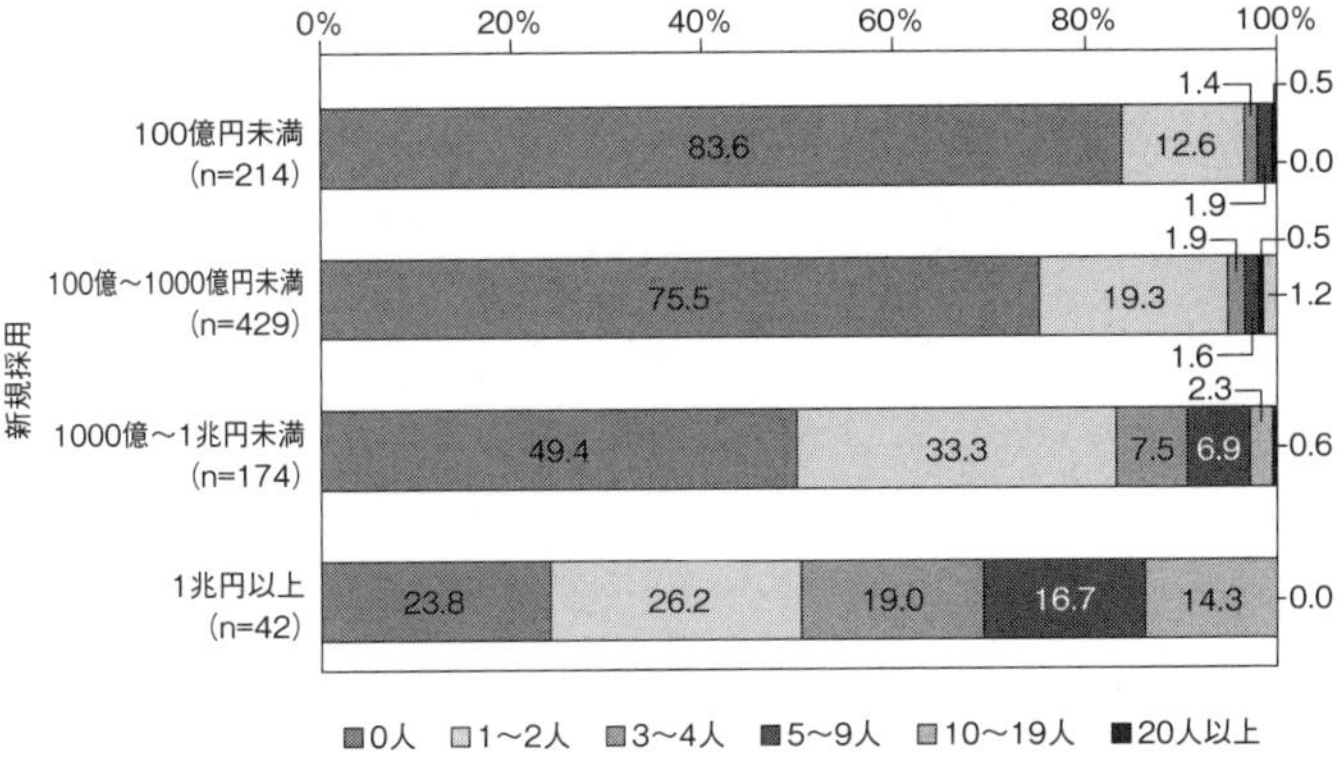

B、Cとも「企業 IT 動向調査 2019」(日本情報システム・ユーザー協会) より

か時代に取り残されて後退してしまいます。

　デジタルトランスフォーメーションといっても、企業内に経験した人はいません。まだ新しい概念だからです。何をどうしたらいいか、経験豊富だからといって分かるわけではありません。むしろ経験が何の役にも立たない領域です。デジタルトランスフォーメーションについて後輩に教えることができる先輩はいないのです。

　新しいことに向き合うときは、ベテランも新人も関係ありません。

　それならば、経験のあるベテランにはその経験を生かせる仕事をしてもらい、まっさらな新人に新しいことをやらせたほうが効率はいい、と判断する企業もあるでしょう。その方が新人もやる気が湧くからです。

　しかし、情シスに若手が入ってこないと、デジタルトランスフォーメーションを進めなければならない企業の成長を阻害する可能性すらあるのです。

中小企業の「一人ぼっち情シス」は限界

　かつてのように日本経済が成長していた時代なら、次々と入って来る新人に雑用をバトンタッチすることができました。

しかし、若手が入ってこなくなったからといって、雑用がなくなるわけではありません。若手がいなくても、誰かが雑用をこなさなければならないのです。そうなると、10年、20年とPC運用を続けている情シスのエンジニアが雑用をずっとこなさざるをえません。

一般的には、雑用から始めて、スキルを磨きながら高度な業務へと移行していくのがキャリアアップというものです。ところが、後に続く若手が入ってこないと、自分の業務を高度なものへとシフトしていけません。

同じことをやり続けなければならないのです。

そこに漂うのは閉塞《へいそく》感です。PC運用の現場の人たちは疲弊していく一方なのです。

とりわけ情シスがひとりしかいない、いわゆる「一人ぼっち情シス」状態の中小企業では、PC運用からサーバー管理、アプリケーションの導入まで、ひとりですべてをこなさなければなりません。「PCが固まったんだけど」という社員からのSOSにもヘルプデスクとして対応していることでしょう。

そうなると、日々の業務で手一杯。新しい分野にチャレンジする余裕すらなくなってしまいます。

先日、ある会合に呼ばれて講演をしたとき、その後の懇親会で話した人が「うち、一人ぼっち情シスだったんです」と話していました。私が「過去形ということは、やっと人を増やしてもらえたんですね！」と聞いてみたら、驚くべき答えが返ってきました。

「いや、違うんです。別の仕事もやれと言われて、ついに兼任情シスです。0・5人情シスになりました」

「まさかの逆パターン!?」と、2人で大笑いしてしまいました。

経営者の中には、蛇口をひねれば水が出てくるように、電源を入れればPCは動くのが当たり前だと思っている人が少なからずいらっしゃるようです。ですから、情シスの人員を増やすどころか、減らそうとするのです。さすがに一人ぼっち情シスをゼロにするわけにはいかず、ほかの業務も兼ねてもらったということでしょう。

多くの企業の情シスは、高齢化と人手不足というダブルパンチによる危機的状況にあるのです。

日本のPC管理はガラパゴス状態

日本では多くの企業が、PC資産管理ツールを導入しています。実はこれ、日本市場独特の文化です。PC資産管理ツールとは、資産管理とは名ばかりのPCに関わることなら何でもやる便利なツールです。資産管理と銘打っているのは、最初のきっかけが会社にPCが入ってくる過程において、PCは高価で会社として管理しないわけにはいかないということから、台帳で管理する必要があったという理由にすぎません。

世界に目を向けると、PC資産管理ツールのようなPC管理専用のツールは一般的ではありませんでした。かつてグローバル市場では、マイクロソフトやIBM、ヒューレットパッカード、日立、富士通などの製品によるサーバーを含めたコンピューター機器の統合管理が主流でした。

ＰＣの環境を別のＰＣに大量に複製する「クローニング」。日本企業では、Windows の設定やアプリをプリインストールして各職場へと出荷し、固定的に使うという形態が一般的です。これも、グローバル標準とは言い難い。

スマホのようにネットワークを経由してアプリケーションをダウンロードし、アップデートできる企業は多くありません。Windows 10 になり、アップデートサイクルが早くなり、固定的に使うということが現実的ではなくなっているにも関わらず、いまだに何かと制約が多いクローニングを使う企業が多くあります。

日本企業は、ＰＣの管理台帳づくりに始まり、マイクロソフトやオラクルがソフトウエアライセンス違反を次々と告発し始めた２０００年代初頭にはＳＡＭ(Software Asset Management ＝ソフトウエア資産管理）を実装し、さらには個人情報保護法の施行やマルウエアの高度化などに備えたセキュリティー、そのためのさまざまな機能を実装してきました。

最近は、働き方改革に合わせて、就業時間に応じたＰＣの強制シャットダウンといったPCを使っての労務管理など、PCが関われればなんでも実装しているのが実態です。PC管理とは、一体何者なのだろうかと思わざるをえません。

IT分野では、なんでも自社の業務に合わせてカスタマイズするというのが日本企業のスタイルです。しかも、それをなかなか変えようとしません。一度実装すると、それが現実的には困難になっていることを認識しつつも固執して使い続ける傾向があります。変わろうとしないのです。

ITシステムを提供するベンダー側も、大きなビジョンを描いて、それを実現するために改良を繰り返すという形よりも、次から次へと降ってくる顧客の要望に応じて小さな便利機能を付けていくという方向に進んできました。

私は、各企業向けになんでもカスタマイズするのは日本のあしき慣習だと思っています。

というのも、世界ではいちいち自社に合わせてカスタマイズするという非効率なことをやらないからです。一説によると、日本のカスタマイズ開発は、欧米に比べて2・5倍だそうです。世界的にスタンダードとなるシステムの中から、自分たちに必要な機能を自分たちで選んで使うというのが世界の常識です。さらに積極的に最新技術を取り入れ、自分たちのビジネス効率を向上させようとします。

日本のＩＴ業界は、日本市場の中だけで独自進化を遂げて、ガラパゴス化しているといわれ続けています。しかも、最近はほとんど進化していません。ＰＣ運用は、大きくグローバルスタンダードから取り残されてしまっているわけです。

ゼロトラストネットワークの登場で、ＰＣ管理が難しくなっている

さらに、スマートフォンが登場し、セキュリティーの中心がエンドポイントになることによって、デバイス管理が様変わりしてきました。エンドポイントとは、ネットワークの末端に接続された機器や端末のこと、つまりスマートフォンやタブレットのことです。もちろん、ＰＣも含まれます。

世界では、デバイスそのものを管理するＭＤＭ（Mobile Device Management）を中心として、アプリケーション個々を管理するＭＡＭ（Mobile Application Management）や扱うデータ、コンテンツを管理するＭＣＭ（Mobile Contents Management）などを統合したＥＭＭ（Enterprise Mobile Management）など、エ

ンドポイントを中心としたデバイス、アプリケーション、コンテンツ（データ）の管理が一般的になりました。

かつては「社内ネットワークは安全」「インターネットは危険」といった具合にネットワークを内外で分けた二分法の考え方が基本でした。

ところがサイバー攻撃が高度化して、その考えでは防ぎようがなくなったことから、「ゼロトラストネットワーク」というＩＤを中心とした新しいセキュリティーが登場しました。セキュリティー対策が複雑化したことによって、ＰＣ管理が難しくなっているのです。詳しくは4章で解説しますが、これまで通りの日本的ＰＣ管理では新しいセキュリティーの考え方に対応できません。

さらに、Windows 10の登場によってＯＳのアップデートの仕組みが大きく変わり、これまで通りのＰＣ管理では手に負えなくなりました。

ＰＣの管理も、時代の変化に応じた新しい手法を取り入れなければならないのです。

日本企業で働いていると、ＩＴリテラシーが伸びない!?

以前、ある病院の情シスと話していて、「日本の情シスは社員に対して細かいことまでやってあげすぎ」という話題になりました。ただ、その方は「そうは言っても、やってあげないと使いこなせないんですよ」と嘆いていました。

日本と欧米では、社員のＩＴリテラシーに大きな差があります。日本はホワイトカラーのＩＴリテラシーが欧米に比べて低いのです。

このため、新しいＰＣを導入するとき、情シスがアプリケーションを事前にインストールして、デスクトップにショートカットを並べて、タスクトレイにツールを登録して、さらに画面イメージを貼ったマニュアルを用意してといった具合に、手取り足取り下準備してあげなければなりません。

これに対して、欧米のホワイトカラーはＩＴリテラシーが高い。日本では、義務教育の段階からＩＴに接する機会が少ない、ということが一つの大きな原因ではあると思います。それを改善すべく、政府もＧＩＧＡスクールなどの手を打ち始めていま す。しかし、それだけではありません。その背景には、欧米の優秀なビジネスパーソンは転職を繰り返すことがキャリアアップにつながるという事情があるように思います。

昔に比べると日本も転職が盛んになってきたといっても、まだまだ年功序列や終身雇用の慣行が色濃く残っている企業が多い。基本給そのものが一律で上がるベースアップという考え方が象徴的です。日本の多くの企業では、同じ仕事をやり続けていても、年功序列によってある程度はポジションも給料も上がっていきます。

しかし、欧米ではそうはいきません。給料を上げるために転職するわけです。日本の人事部門は転職を繰り返すジョブホッパーを避ける傾向がありますが、欧米は逆です。転職を繰り返す人ほど優秀だと見なされます。

今はＩＴツールを使ってコミュニケーションを取ったり、情報共有したりするのが当たり前。このため、転職が盛んな欧米の企業では、汎用性《はんよう》の高いアプリケーションを使う傾向が強いのです。

例えば、グローバル企業の多くの営業部門では、クラウド型の営業支援ツール「セールスフォース」を採用しています。そうなると、営業職ならセールスフォースを使いこなせることが転職で評価されるスキルの一つになるわけです。どこの企業でも同じツールを使っていれば、転職先でもすぐに使いこなすことができます。

ところが、カスタマイズ好きの日本にはその感覚がありません。入社後の人事のオリエンテーションで「当社に来たら、当社のシステムに慣れてください」「ウチにはウチのやり方があるから」と言われるのがオチ。転職先では、カスタマイズだらけのその企業独特のツールを使うことが求められます。そのためには、情シスのお世話にならなければならないのです。必然的に情シスは日本独特の業務に忙殺されることになります。

自社のカスタマイズされたシステムに精通したところで、もし他社に転職してもそのスキルは使いものになりません。またゼロから学び直しです。転職したらムダになってしまうと分かっているスキルを学ぼうとするでしょうか。

片や欧米のように、どの企業に転職しても通用するグローバルスタンダードのＩＴスキルだと分かっていれば、自ら学ぼうとするわけです。いざというときの自分の財産になるからです。ＩＴを身につけようという動機づけに関して、このように日本と欧米の差は大きいのです。

日本の停滞感と閉塞感の正体

大空を飛ぶ鳥は、羽ばたかずに滑空していると、高度が少しずつ落ちてくるそうです。鳥は時折、羽ばたいているからこそ、高度を保《たも》てているのです。さらに高度を上げていくには、羽ばたきを繰り返さなければなりません。

鳥も現状を維持しているだけでは、地面に落下するのです。現状をアップデートしなければ、大空にとどまれません。

重力という自然の力学が作用している以上、現状維持とは下降なのです。

日本のこの20年は、まるで羽ばたかない鳥だったのではないかと私は感じています。1990年代初頭、右肩上がりで経済成長していた日本では、バブルが崩壊しました。そのときから、日本は目と耳をふさいで、現状維持に努めてきたとしか思えません。そのうちこの嵐は過ぎ去って、また上に上がっていくと信じているかの如く、コストカットを中心とした現状維持路線を突っ走ってきたのです。

今も現状を維持しているつもりかもしれません。

しかし現状維持は、滑空です。

滑空していると、少しずつ落下していきます。

そのまま気づくことなく、「失われた10年」といわれるくらい月日が経ってしまいました。

気づいたら、失われた10年どころか、いつの間にか「失われた20年」にアップグレードされているではありませんか。一体、いつまで目をつむっているつもりなのでしょうか。

先進国は、どこも停滞していると思っているかもしれません。しかし、それは違います。例えばアメリカは日本が現状維持を決め込んでいるのを横目に、国内総生産（GDP）を2・5倍くらいに伸ばしました。ところが日本は、ほぼ横ばいの状態で20年が経ってしまっているのです。

私は1979年生まれで、40代になったばかりです。

私が就職した2002年はまだ就職氷河期でした。私の世代は会社のことをまったく信用していない人が多い。私たちより少し上の年齢の人たちまでは、世の中がバブル景気だったときの感覚が残っている世代です。日本が浮かれている感覚を知っているのです。

ところが、私の世代は、バブル期にはまだ子どもだったため、日本が浮かれていた状況を直接的に享受していません。

上の世代の人たちは「日本は昔、素晴らしかった」と言います。ところが、私たちは素晴らしい日本を見たことがない。テレビの中でしか知らない。日本が良かった時代は、過去の歴史の話なのです。肌感覚で良かったと感じたことがないのです。

就職したときにはもう経済が冷え切っていました。その後、景気が少し上向いていきますが、再びリーマンショックで不景気に突入しました。

私たちの世代はいまだに閉塞感を抱いています。世の中が上向きになっていく感覚がありません。

今の日本の経済も政治も、あらゆる面で決定権を握っているのは50代、60代かもっと上の世代の方々です。この世代の方々は、バブル期にこの世の春を謳歌《おうか》して、バブルが崩壊したらコストカットによる現状維持で逃げ切ろうとしている方もいるのではないでしょうか。そのような方は、あと5年、10年、現状を維持すれば、逃げ切れると考えているのでしょう。

残されるのは、国と地方の約1100兆円もの借金です。これでは若者は日本の未来に何の希望も持てません。

ただでさえ未来に希望を見いだしにくい日本で就職して、配属先で与えられたものが古くて、ダサくて、分厚くて、重たくて、電源を入れてもなかなか立ち上がらないPCだったら、若い人たちはどう感じるでしょうか？

働くことへのワクワク感が生まれるでしょうか？

自分の未来の成長を思い描けるでしょうか？

私は、コストカットを中心にした現状維持こそ、日本の停滞の元凶だと見ています。

現状維持路線は、日本のPC環境にも如実に表れています。

ただ、いよいよこのままでは社会が成り立たなくなってきました。

少子高齢化に伴う人口減少によって日本は岐路に立たされていましたが、2020

年に世界を覆った新型コロナウイルスが日本の危機に追い打ちをかけました。

企業は働き方を含めて大転換しなければならなくなったのです。

アプリもデバイスも人もアップデートさせる

コロナ禍をきっかけに、「働かないおじさん」が話題になりました。

みんながオフィスに出勤しているときは目立ちませんでしたが、テレワークに移行してみると、周りから「あの人、何もしていないのでは?」「あの仕事であの報酬は見合わないのでは?」といった疑念の目で見られるベテラン社員があぶり出されたというのです。それが「働かないおじさん」です。

それでは、働かないおじさんはなぜ生まれたのでしょうか? コストカットによる現状維持路線のもと、仕事をアップデートすることに対してモチベーションが生まれなかったからだと思います。

「経済成長が大切だ」と多くの人は言います。しかし、自分自身がビジネスを通して成長していくべきだと考えている人が、一体どれくらいいるでしょうか。社会や会社が成長の場を与えてくれない、と嘆いてはいないでしょうか。

ただ単に仕事をしていれば、自分がレベルアップするわけではありません。しかし、終身雇用・年功序列のもとでは、仕事を続けていれば自動的に給与が上がっていきます。自分の成長に対する昇給ではないのに、自分の成長が伴っていると思い込んでいるケースもあるでしょう。

大学入試を思い浮かべてみてください。「1+1=2」という問題を繰り返し解いているだけで、東大に合格できる学力がつきますか？　どんなに簡単な問題を繰り返し解いたところで、自分のレベルは上がりません。これがRPGゲームだったら、最弱の敵を倒し続けてレベル99になるのでしょう。でも、現実は違います。解く問題のレベルを上げていって、難しい問題にチャレンジしていって、初めて自分のレベルが上がるのです。

これは仕事にも同じことが言えます。毎日同じような仕事を繰り返していても、人は成長しません。

新しいテクノロジーが出てきたら、学ばなければならない。

新しいことを学ぶことによって、人は成長するのです。

海外で魅力的な製品が開発され、画期的なことが世の中で起ころうとしているとき、日本ではそれを学ぼうとする人が少ない。

それはなぜか。

学ばなくても給料が保証されているからです。9時から17時の間、会社に「いる」ことで給料が担保されているから学ばないのです。会社の利益に貢献するのが仕事ではなくて、9時から17時という時間を会社に差し出すのが仕事だと思っているからなのです。

先にもお伝えしたデジタルトランスフォーメーション（DX）という概念が生まれ、少し前みたいにモノを作って売るだけでは通用しない世の中になりました。ITの重要性はこれからも高まっていきます。

現状維持を決め込んでいては、若い人たちが未来に希望を持てません。

重要なのは、アップデートです。

デバイスも、アプリケーションも、そして人もアップデートしなければ、日本は長引く停滞から脱出できないのです。

日本経済浮上のカギを握る中小企業

日本経済は中小企業によって支えられている、とよく言われます。それは、日本において、中小企業が企業数の99％、雇用の約7割をそれぞれ占めているからです。中小企業の成長なくして、日本の経済の発展はないと言っていいでしょう。

中小企業の経営者の多くは、中長期的な将来を見据えたＩＴ投資が重要であると考えています。しかし、今（２０２１年2月現在）はコロナ禍の真っただ中。コロナ禍の影響の濃淡は業界によって異なりますが、ＩＴへの投資を後回しにせざるをえないケースもあるでしょう。

働き方もビジネスもアップデートしようという意欲的な経営者でも、この状況下では行動に移すのが容易ではありません。

情シスの人員増を含めてＩＴに投資したくても、コストカットによる現状維持を優先せざるをえない経営者もいるはずです。長期的な視野で会社を成長させるために投資することも大切ですが、単年度の損益計算書（ＰＬ）で黒字を出さなければなりません。長期的なビジョンを視野に入れた投資がなかなかできないのが現状ではないでしょうか。

間接部門であるＩＴ投資が後回しになってしまうのは仕方のない面もあります。しかし、今やＩＴはどのビジネス、どの職種にも欠かせないツール。ＩＴによって世界が大きく変化している今、中小企業のＩＴ環境もアップデートさせていかなければ、日本の未来はないのです。

ＰＣもボロボロになるまで使うべき？

それでは中小企業のＰＣ事情はどのようなものでしょうか。中小企業では、ＰＣをレンタルするよりも、購入しているケースが多いと思います。社員が増えたら家電量販店でＰＣを買ってきて、プリインストール版の Office を使っているのではないでしょうか。

ベテラン経営者の中には、普段、ＰＣを使わない方もいます。そのような方が言いそうなのは「道具は大切にしなさい。せっかく買ったんだからボロボロになるまで使って」。コストカット志向・現状維持志向なら、長く使えば使うほど1年当たりの費用が安くなります。

道具を大切に扱うのは素晴らしいことです。例えば料理人が包丁を大切に手入れして、長く使うというのは分かります。道具によっては、使えば使うほど使いやすくなるものもあります。

しかしＰＣは違います。ソフトウエアは次々とアップデートされていきます。すると、容量の小さなメモリーでは動きが悪くなります。ＰＣを新しくしていかないと、スムーズに仕事が進まなくなってしまいます。

20年前の包丁と今の包丁はほとんど変わりませんが、20年前のＰＣと今のＰＣではまるで違うのです。

少なくともＩＴの分野では、道具を長く使うことが、生産性を上げてビジネスを拡大していくことの阻害要因になりかねません。

「カスタマイズ大好き」の弊害

これまで述べてきたように、日本企業はＩＴシステムのカスタマイズが大好きです。さらに日本人は、サービスを無償のオマケだととらえがちです。例えばファストフードのスタッフの笑顔はタダだという感覚です。「サービスタイム」「サービス精神」、挙句の果てには「サービス残業」という言葉まであります。

しかし、この感覚は日本独特ではないでしょうか。

私は米国のサンフランシスコに1カ月間出張したことがあります。向こうの雑貨屋さんに入ると、店員さんが怖いこと怖いこと。ぶっきらぼうで、愛想のかけらもありません。レジでは商品をドンと置きます。でも、別に不親切というわけではありません。クオーターダラーという日本にはない単位のコインに戸惑っていれば、親切に一緒にカウントしてくれます。

片やそれなりのレストランやホテルに入ると、そこのスタッフたちは笑顔でクオリティーの高いサービスを提供してくれます。それは、ある意味完璧です。

笑顔でいたいわけでもないのに、笑顔を振りまく仕事を「感情労働」と呼ぶそうです。日本では感情労働がタダ同然だと見なされますが、世界的には安くありません。海外では、少なくとも、笑顔やおもてなしは無償で提供するものではありません。精神的な負担が大きいからです。

私は「もったいない」「おもてなし」という言葉が好きではありません。というのも、日本の生産性の悪さ、その象徴のような言葉だからです。本来ならば料金が発生するサービスを無料で提供していては、物価が上昇するわけはありません。これがデフレの原因にもつながっています。

サービスは、企業が顧客に提供するものである以上、ＳＬＡ（Service Level Agreement）があります。ＳＬＡとは、サービス提供者とその利用者の間で結ばれるサービスの内容や範囲などの合意のこと。ＳＬＡを下回ったら利用料の減額などが行われますが、上回るサービスを提供する必要はありません。上回る分は別途料金が発生するのです。

ＳＬＡは、ＩＴシステムで言えば仕様のこと。最大公約数となる仕様を多くの企業で採用すれば、効率がいい。カスタマイズに無駄な労力と時間を割かずに済むからです。

ところが、日本は中小企業の数が多く、なおかつＩＴシステムをカスタマイズして使う傾向が強い。「サービスしてよ」と追加のカスタマイズを無料でやってもらおうとするわけです。日本では、融通を利かせることがサービスだという認識さえあるようです。

中小企業ごとにカスタマイズが入ってしまえば、異なる企業間で最大公約数を取るのが難しくなってしまいます。均一的なサービスを作りにくい環境下では、カスタマイズで対応することを前提にするしかありません。

日本のＩＴ環境は、この悪循環に陥っているのです。これでは市場において良いサービスが育つ土壌もなく、各社によるカスタマイズが盛んなのでスケールメリットも出しにくい。

これが日本の労働生産性の低さ、その根本原因の一つではないかと思います。

PC運用を変えなければ、働き方を変えられない

まだ日本で「働き方改革」という言葉が登場していなかった10年近く前、私は「日本の働き方って嫌だな」と感じていました。会社が決めた時間帯、つまり朝9時から夕方5時まできっちり働くということが自分には合わないと思っていました。

これからは、団塊世代の高齢化に伴って親の介護をしながら働く人が増えていく。女性の社会進出に伴って共働きも増えていく。そうなると、親の介護や育児などをこなすために、仕事を中断しながらトータルで1日8時間働くというワークスタイルになるのではないかと思っていました。

私は、当時からモバイルなどを駆使したテレワークがいつか働き方の中心になると確信していたのです。

実は、そのころの欧米には、もうモバイルワークやテレワークの潮流が生まれていました。

当時、ＶＤＩ（Virtual Desktop Infrastructure ＝仮想デスクトップ環境）というのがはやり始めていました。ＶＤＩとは、手元のＰＣでＯＳやアプリケーションを実行させず、サーバー上で実行させる技術です。ＰＣにデータが保存されないため、会社のＰＣを自宅に持って帰っても、中にあるデータがどこかに漏えいしてしまう恐れがなくなります。

ただ、元々は手元のＰＣで処理できるのに、サーバー上ですべて処理する仕組みをつくって運用するとなると、その分、コストがかさみます。

そこで横河レンタ・リースは「データレスＰＣ™」というサービスを開発しました。ＯＳやアプリケーションはすべてローカルのＰＣで動かして、サーバー側にあるデータをまるでローカルにあるかのように見せるという仕組みです。

私たちはデータレスＰＣという新しいコンセプトを通して、お客さまの働き方そのものさえも変えてしまうようなサービスを提供しようと意気込んでいました。

私たちは、自社のＩＴ資産管理ツールとデータレスＰＣを連動させた仕組みを構想しました。自由にデバイスを選んで、自分に必要なアプリケーションがセットアップされて、クラウド上のデータがひも付けられて、ローカルにそのデータがあるように見える、という仕組みを目指したのです。

ここに、私たちの考えるＤａａＳの源流があると言えます。

私はこの商品を「フレックスワークスタイル」という名称にしたかったのですが、社内で「お客さまの働き方をレンタル会社が提案するのはおこがましい」という意見があり、「それなら、せめて柔軟に働く場所くらいにしておきましょう」と、「Flex Work Place（フレックスワークプレイス）」という名称にしました。２０１３年のことです。このときに考えたキャッチフレーズが、「新しい働き方をあなたらしいデバイスで」というものでした。

当時、テレワークなどの新しいワークスタイルの話をしていると、「そうはいっても就業規則の問題や労働基準法の問題があるから、日本では無理だよ」という意見が大半でした。２０１３年にFlex Work Placeをリリースしたものの、当初はまったく売れませんでした。

ところが、「働き方改革」が叫ばれるようになって、ここ3年で売れ始めてきたのです。日本の企業の間でも、働き方を変えていくためにはＰＣ運用を変えなければならないという意識は着実に高まってきました。

PCの賞味期限が早まった

2015年、マイクロソフトがWindows 10をリリースしました。これを機に、マイクロソフトはOSの在り方を「WaaS（Windows as a Service）」へ移行しました。これについては4章で詳しくお話しますが、OSが短期間でアップデートしていくようになったのです。これは大きな転換です。

先ほど、日本にはいろいろなPC資産管理ツールがあり、顧客の要望に従ってカスタマイズを繰り返し、ビッグピクチャーを描けていなかったことに触れました。Windows 10がリリースされてWaaSになったとき、私は「企業の情報システム担当者が困るだろうな」と予想しました。

なぜ、私がそう危惧したのか。

それは、Windows 10になって短期間でOSがアップデートされていくようになると、企業内に眠っているPCがすぐに古くて使い物にならなくなるからです。

Windows 7なら10年間サポートされていたので、少しくらい古くなっても支障はありませんでした。多少動作が遅くなるかもしれませんが、使えることは使えたのです。

ところがWindows 10になった今は半年でアップデートされて、18カ月で1バージョンのサポートが終了します。

ということは、PCを18カ月間眠らせておくと、OSのサポートが終わってしまうわけです。その前にアップデートしなければなりません。そうなると、従来のPC管理の考え方では追いつかないのです。かつては少しくらい古めかしいPCでも問題ありませんでしたが、Windows 10になってPCを放っておくと、賞味期限が切れてしまうのです。

とはいえ、企業ではWindows 10の運用など誰も行ったことがありませんでした。ですから、これからは旧来の常識にとらわれずに、新しいPC管理の仕組みを考えていかなければならないのです。まさにビッグピクチャーを描いていくことが求められます。

コロナ後の世界、コロナ後の日本

2020年にコロナ禍が巻き起こったのをきっかけに、慌ててテレワークやリモートワークを導入する企業が増えました。

しかし、テレワークの必要性が意識されたのは、何も今に始まったことではありません。

思い起こせば、2011年3月11日に起きた東日本大震災をきっかけに、事業継続計画（BCP）という有事の際における事業の継続や早期復旧を図るための計画の必要性が叫ばれました。被災したことによって社屋や工場が倒壊したり、交通機関が遮断されたりして、事業を続けられない企業が数多く出たからです。

大災害などが起きたとき、どうやって企業活動を続けるのか。社員が出勤できなくなったらどうするのか。こうしたことを見直す機運が高まりました。

2016年、博多駅前で起きた、道路の陥没事故のときも、周辺のオフィスに出勤できないという事態が起きました。

天災、人災を含めて、会社に行けなくなることは、過去10年の間に何度もあったのです。

今回のコロナ禍で緊急事態宣言が発令されましたが、これは新型インフルエンザや鳥インフルエンザの流行を背景に2012年に成立した「新型インフルエンザ等対策特別措置法」の改正に基づくものです。感染症によるパンデミック（世界的大流行）の危機は、突然降ってわいたわけではありません。10年近く前から予見されていたのです。法律を定めて、国や自治体も対策を立てていました。

コロナ禍によってテレワークへの移行を余儀なくされたのは、予想だにしなかったことです。しかし、災害や感染症の流行によって社員が出社できない事態に対して、企業は積極的に手を打ってこなかったのも事実です。

今回のコロナ禍によって、テレワークを導入する企業が急増しました。東京都の「テレワーク導入実態調査」の「テレワークの導入率」（図表D）によると、2019

年度と2020年度を比べると、従業員30人～99人の企業が19・2％から49・0％へ、同100～299人の企業が26・6％から65・1％へとテレワークの導入が増えています。300人以上の企業では2019年でも41・2％がテレワークを導入していましたが、2020年度には76・8％にも上りました。

大手企業が先行していますが、東京都では中小企業にもテレワークという働き方が浸透してきました。

さらに、同調査の「テレワークの継続・拡大意向」によると（図表E）テレワークを「継続・拡大したい」「継続したいが、拡大は考えていない」と回答した企業が80・4％にも達しています。

コロナ禍をきっかけに、テレワークが当たり前の世の中へと大転換したのです。

一方で、これだけスマートフォンが普及したのに、いまだに学校は紙にプリントされた電話連絡網を配っています。しかし、先生同士はＬＩＮＥなどのメッセンジャーアプリを使っているに違いありません。確かに、公立の小中学校にはさまざまな家庭環境の子どもたちが通っているので、最新のＩＴデバイスとインターネット環境があることを前提にした教育ができないのは分かります。

学校教育でＩＴ導入が遅れていることについて、今、日本政府は手を打とうとしています。文部科学省は「ＧＩＧＡスクール構想」を掲げて、ＩＴ教育に力を注いでいるのです。

企業だけでなく、学校教育でもＩＴ環境を変えようと本腰を入れています。

ＩＴ環境を変えたくても、明確な理由がなければ変えにくい面があるでしょう。現状維持で支障がなければ、予算を付けにくい。しかし、コロナ禍は、この先数年続くとも言われています。企業を取り巻く社会経済環境が歴史的な転換期を迎えています。コロナ禍というピンチは、ＩＴ環境を変えるチャンスでもあるのです。

そうすることによって、テレワークへの対応や生産性の向上、さらには若者たちから見て魅力的な企業づくりが大きく前進すると思います。

D: テレワークの導入率

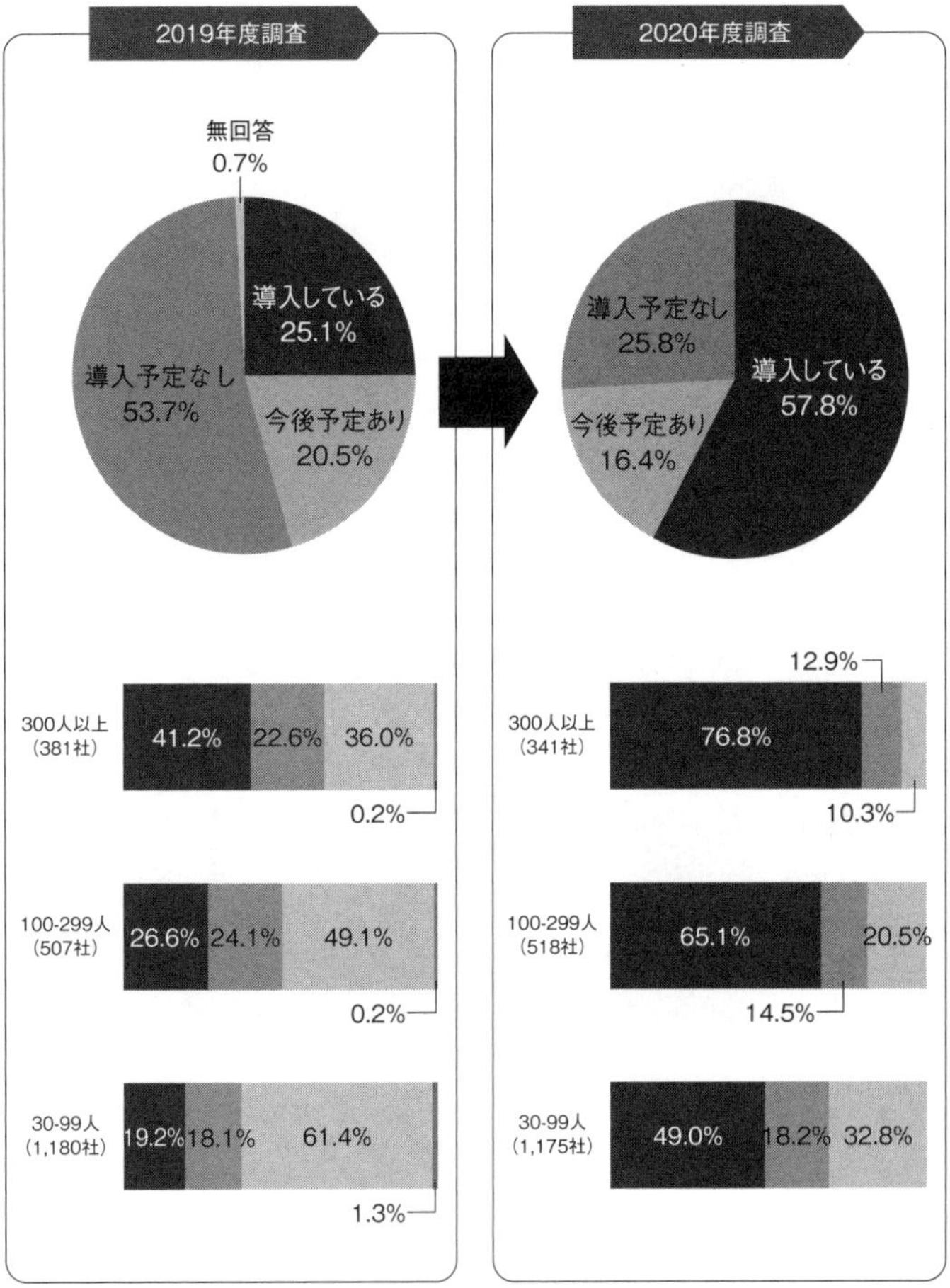

「テレワーク導入実態調査」(東京都)より

E: テレワークの継続・拡大意向

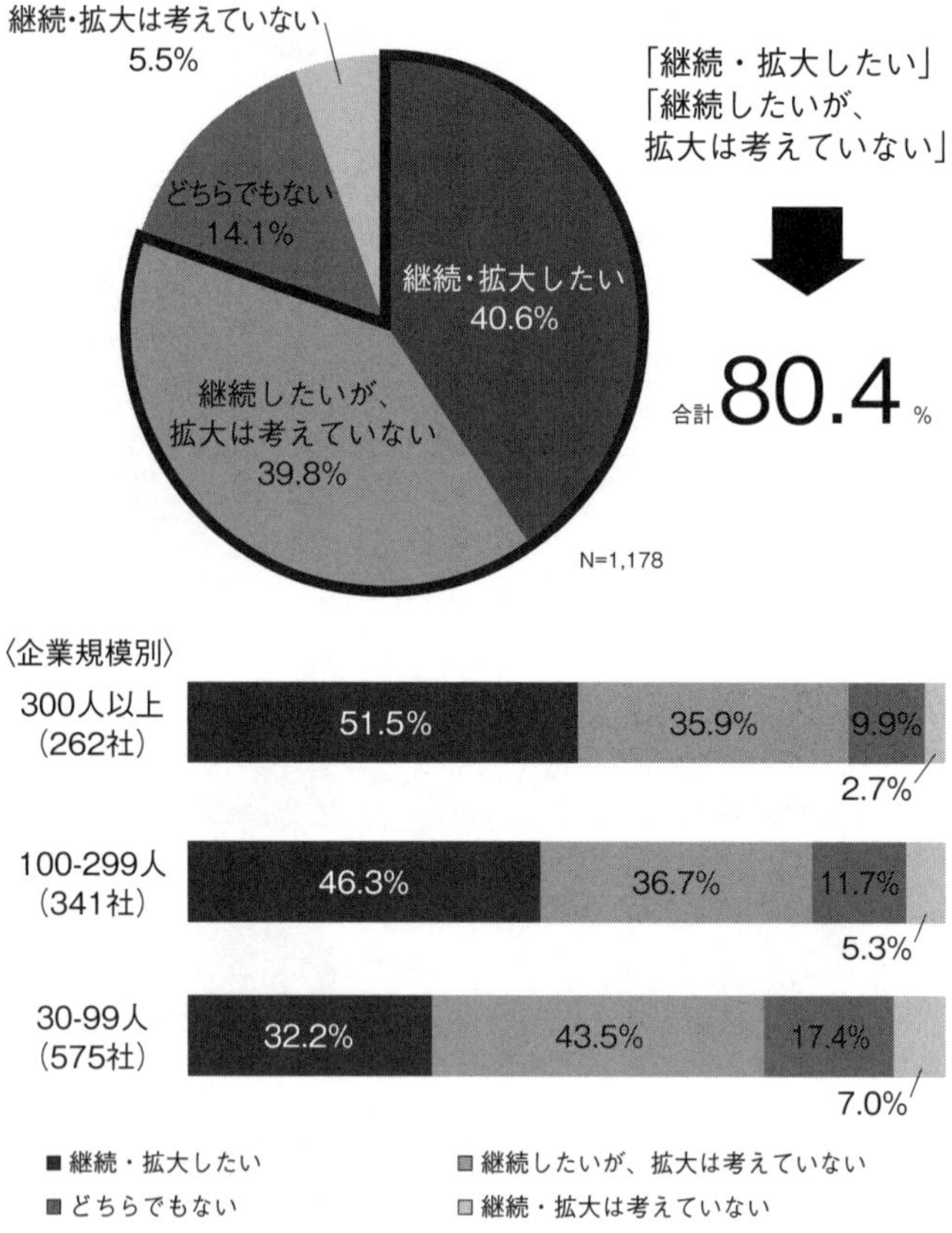

「テレワーク導入実態調査」(東京都) より

第 2 章

ＤａａＳとは何か？

DaaSとはデバイス・アズ・ア・サービス

ＤａａＳと聞いても、ピンと来ない人がほとんどでしょう。これは「Device as a Service」のこと。直訳すると、「サービスとしてのデバイス」です。インターネットでＤａａＳを検索すると、Desktop as a Service（仮想デスクトップ）がヒットします。本書でいうＤａａＳはこれとは別物です。ＤａａＳのＤはデスクトップではなく、デバイスを意味しています。デバイスといってもいろいろなものがありますが、主にＰＣを指します。

ＤａａＳとは、簡単にいうとＰＣのサブスクリプションです。今後、ＰＣ以外のデバイスも多くサービスとして提供され、広い意味になっていくかもしれませんが、現時点でＰＣが主です。これまでのＰＣは、購入して、所有するモノでした。これに対して、ＤａａＳは、仕事に使える最新のＰＣを継続して提供する新しい仕組みです。ただ、最初に断っておきたいのは、ＤａａＳの定義が、現時点でカチッと固まっているわけではないことです。それは、サービスとして提供される対象がＰＣとか、他のデバイスに広がるとか、そういう点ではありません。

これはＤａａＳに限らず、ＩＴ業界全般に当てはまりますが、ＩＴ製品やＩＴ用語は定義があいまいな傾向があります。

多くのＩＴ用語と同じように、ＤａａＳという概念もまだ明確ではありません。一般の人たちに知られていないのは当然ですが、ＩＴ業界内でも認知度は高くありません。

そこで、誰もがイメージできるように、マイクロソフト社やインテル社といった世界的な企業が協力してＤａａＳを広く認知させようと動いています。２０１９年秋にはＤａａＳサミット（日本マイクロソフト社主催）という会合が開かれました。

この会合の面白いところは、マイクロソフト社とインテル社だけでなく、日本市場でＰＣにかかわるビジネスを展開しているそうそうたる大手企業が集まったことです。ＰＣの中古販売会社やＩＴ系大手ディストリビュータ、ＰＣを多く販売している大手オフィス機器メーカーといった企業が集まって、今まさにＤａａＳについて議論しているのです。

これだけの企業が関わっているという事実は、ＤａａＳが日本のＩＴ市場のみならず世界のＩＴ市場の未来と深く関係していることを示唆しています。

後ほど詳しく説明しますが、ＤａａＳのキーワードは「アップデート」だと私は考えます。

モノは時間が経つにつれて劣化し、価値が下がっていきます。これに対して、ＤａａＳとはＰＣを使う体験をアップデートし続けます。「モノを提供する」ことと「サービスとして提供する」ことの差がアップデートされないか、されるかです。モノのように時間が経つにつれて劣化するのではなく、常に使える状態に維持され、さらに価値が上がっていくのがサービスとして提供されるということです。これが、従来型のＰＣの所有とＤａａＳの決定的な違いです。

マイクロソフト社とインテル社がＤａａＳに力を入れるワケ

そもそもＤａａＳという言葉はアメリカが発祥ですが、それではなぜ、マイクロソフト社やインテル社といった世界的な企業がＤａａＳに力を入れているのでしょうか。

主な理由は二つ。

一つは、ライフサイクルが長くなっているPCを進化させたいから。

マイクロソフト社はWindows 10からＷａａＳ（Windows as a Service）へと転換しました。これによってWindowsは、短いサイクルでアップデートしていくことになりました。

基本ソフト（ＯＳ）とハードウエアは一体的に動作するのに、Windowsだけが進化して、ハードウエアが古いままだとどうなるでしょうか。Windowsの新しいパフォーマンスにPCがついていけません。ハードウエアが古いままの場合、それがネックになり、追加されたWindows の新しい機能を十分に活用できないといったケースが起こりえます。

Windowsだけがアズ・ア・サービスになっても意味がない。デバイスもアズ・ア・サービスになって、ＯＳと一緒にアップデートさせなければならないという考えがあるのです。

マイクロソフトとインテルは、Windowsとデバイスを速いスピードで進化させ続けていくために、ＤａａＳを進めたいわけです。


もう一つは、マイクロソフトの最大の戦略であるMicrosoft 365というサブスクリプションとの絡みです。

これまでモノというのは、買う目的や使い道が明確でした。例えばエアコンなら、夏は冷房、冬は暖房として使うだけです。それ以外の使い道はありません。得られる効果も夏は涼しくなる、冬は暖かくなる。ですから買い方が単純だったのです。夏暑ければ、買う。冬寒ければ、買うと。


ところがMicrosoft 365はそうはいきません。

元々はOfficeアプリケーションのサブスクリプションであるOffice 365という名称でした。そこにセキュリティーやコンプライアンスといったさまざまな機能を追加して、マイクロソフトのサービスを全部盛りにしたのがMicrosoft 365です。ラーメンでいえば、チャーシューも味玉ものりもすべてのトッピングが乗っているという、あれをイメージしていただければよいかと思います。

企業に必要なものすべてをそろえたMicrosoft 365という全部盛りになると、多くの機能が使う側に提供されます。その機能を一つひとつ説明して、顧客にはどの機能が必要かを探り出して、「これが必要だから買いましょう」というやり方をしていると、多分、1年経っても、2年経っても売れません。

全部盛りを売るとき、従来の機能売り、モノ売りでは売りにくいのです。アズ・ア・サービスとして提供して、「こういった状態にお客さまがなるんだよ」という説明の仕方をしないと売りにくい製品なのです。

Microsoft 365のクラウドサービスにアクセスするのに、デバイスは不可欠です。マイクロソフトはデバイスと一体的にMicrosoft 365を提供したい。企業におけるデバイスの体験としてMicrosoft 365を提供するという売り方をしないと、機能の説明に陥ってしまうからです。

マイクロソフトが「モノ売り」から「コト売り」へ転換しようとしていることと、

ＤａａＳは密接に関係しているわけです。

ＤａａＳは単なる月額化ではない

ＰＣのサブスクリプションなら、ＰＣメーカーがやればいいではないかと思うかもしれません。実は、ＰＣメーカーはすでに「PC as a Service」やＤａａＳと呼ばれるサービスを始めています。

ただ、原価管理という製造業の既存の考え方から抜け切れていないのが現状です。

このことを単純化して考えてみましょう。１００円でモノを作って、１２０円で売ると、差額の２０円が利益です。１００台売れば、売り上げが１万２０００円で、２０００円の利益です。これが従来の製造業の基本的な考え方です。

これに対して、月額化にすると、１台１２０円のモノを6年使ってもらうなら、単純に割って年額２０円。これが１００台なら、年額２０円掛ける１００台で1年の売り上げ２０００円。6年かけてやっと1万２０００円の売り上げ、２０００円のもうけに達します。

従来の販売型なら、100台売った瞬間に2000円のもうけが確定します。しかし、月額化では6年かけて2000円のもうけになるのです。このモデルでは、単に利益を後ろ倒しにするだけです。メーカーとしては、なんのメリットもありません。むしろ損です。

そうは言っても世の中は月額化の流れだから、やらざるをえない。ただ、単純にモノを月額化するだけでは、先ほどのモデルのようにはもうからないので、サポートサービスなどをセットで付けるわけです。

また、月額化には解約のリスクもあります。

100台の契約が、99台、98台と減っていくと、もうけも減っていく。最終的な売り上げが1万2000円なのか1万1000円なのか、成約時点で確定しません。利益が出ていればいいのですが、解約が増えると原価割れしかねません。これは避けたいことです。

そこで、何年使うか、何台まで解約OKかというパーセンテージを設定して、料金を設定するわけです。

メーカーの原価計算を出発点に損しないビジネスモデルを考えようとすると、このように単に顧客の支払いをコントロールするだけのサービスに陥ってしまいます。

ただ、このスタイルでもユーザーにメリットがないわけではありません。

従来はPCを100台買えば、使っても使わなくても代金を全額支払っていました。ところが月額化なら支払いを後ろに延ばして、使わない分は途中で解約できます。解約条件付きの分割払いのようなものです。

いずれにしても、これは単に支払いの仕方の問題です。

また、これだけではDaaSの本質である「モノからコトへ」になっていません。支払いの仕方を月単位にしただけであったり、サポートサービスを含めるだけであったりというのは、DaaSの本質ではありません。

誰もやりたくないPCリプレース

会社から支給されているPCが古くて動作が遅くなった。そろそろ入れ替えたいけど、ものすごく面倒臭い……そんな経験、ありませんか？

上司に相談すると、「もうちょっと長く使えばいいじゃないか」と言われるのがオチ。しまいには「キーボードが壊れたなら、ちょっとばんそうこうを貼っておけばいいじゃないか」。これ、本当にあった話です。ある人のノートPCを見たら、割れた部分にばんそうこうが貼られていました。

IT管理者にとっても、ユーザーにとっても、リプレースは非常に面倒です。できればやりたくない。

まずIT管理者からすると、一時的に大きなお金が出るPC購入のために、予算を確保しなければなりません。

さらにPCのメーカーや機種を選んで、入れ替えの作業計画を立てて、納品されたPCにソフトウエアをインストールして、こまごまとした各種設定もやらなければなりません。

ユーザーにとっては、古いPCからのデータ移行が面倒臭い。PCを一時的に使えないダウンタイムも発生します。

何よりも次に来るPCは、自分が選んだ機種ではありません。IT管理者が勝手に選んだものです。使い慣れている今のPC、その最新モデルが欲しくても、それが届くとは限りません。

予定した日に新しいPCが来たからといって、そのまま古いPCを引き取っていってくれるとも限りません。イレギュラーも発生します。

さらには数日後、引き取ってもらった古いPC、そこからの引っ越し漏れデータがあることに気づいたらさあ大変。もう一度戻してほしいとIT管理者に連絡して、あれこれやり取りしなければなりません。

結局、誰にとってもPCの入れ替えはやりたくない作業です。

こうした事情もあって、日本はPCの買い替えサイクルが長いのです。アメリカは4・5年、グローバルで4・3年といわれていますが、日本は5・4年。とりわけ中堅・中小企業では、購入から4年経過したPCの所有率が85％に上ります。みんな長く使っています。

面倒なPCの入れ替え作業をやるくらいなら、このまま使い続けたい、という声が聞こえてきそうです。

常に最新状態を保つように継続的にアップデートする

Windows 10になってアップデートの仕組みが変わったことなどを背景に、PCのリフレッシュサイクル、つまり買い替えのサイクルは今後、2・4年になると見込まれています。現状の日本ではPCの買い替えサイクルが5・4年ですから、半分近くに短縮されるわけです。「とてもじゃないけど、2年半で入れ替えなんてムリ」と思うIT管理者が多いことでしょう。

確かに、購入したPCを2年ほどで買い替えるのは予算的にも作業的にも難しい。たとえレンタルPCを使っているとしても、2年に1回コンペを開いて調達先を決めるのは面倒です。

私は、DaaSでは2年から3年でのリプレースを想定しています。これならP

Cが陳腐化することはありません。ちなみに実際に2年半まで縮まるかはともかく、PCの平均販売単価はこのコロナ禍において上昇傾向です。テレワークにより、PCを使う時間が長くなり性能不足に我慢できなくなったのでしょう。テレワークは続く見込みですから、最新の高性能なPCを求める傾向は今後も続くことと思います。

現状では、PCがリプレースされないがためにソフトウエアも古いままだったということが起こりえます。「PCは老朽化するけど、ソフトウエアはモノじゃないから老朽化しないのでは？」と思うかもしれません。

ところがこれは大きな誤解です。確かにソフトウエアは老朽化しませんが、陳腐化します。例えば、ライバル企業が最新のソフトウエアを導入して生産性を劇的に向上させていたらどうでしょうか。ソフトウエア自体は老朽化していなくても、相対的に陳腐化してしまっているのです。特に支障がないからといって古いソフトウエアをそのまま使い続けることは自分たちの競争力をそぐという点で、大きなリスクになるのです。

しかし、DaaSによってPCのサイクルが短くなれば、ソフトウエアのアップデートが阻害されません。デバイスだけでなく、ソフトウエアも常に最新バージョンを使えるのです。

従業員のＩＴ環境、そのアップデートのサイクルがハードもソフトも劇的に短くなるわけです。

これまでＰＣは時間が経てば経つほど最新機種と比べて機能が低く、価値が下がっていきました。それで生産性が上がるわけがありません。

ＤａａＳなら常にアップデートされるため、価値が上がっていくのです。これが生産性の向上にもつながっていくはずです。

ユーザーの体験に尽くす

それでは、ＤａａＳの名前に含まれるアズ・ア・サービスとは何を意味するのでしょうか。アズ・ア・サービスで肝心なのは「ユーザーの体験に尽くす」ことです。

メーカーなり販売会社なりレンタル会社なりがモノ（ＰＣ）を提供しますが、そのモノを活用して成果を出すのはユーザー自身です。

アズ・ア・サービスを提供してユーザーの体験に尽くすとは、ユーザーが成果を出せる状態になるまで面倒を見るということです。

それではＤａａＳにとって、ユーザーの体験や成功とは何でしょうか。

ユーザーがビジネスにおいて生産的に活動できるようなＰＣ環境を常に提供することです。

これまでは、メーカーや販売会社といった提供側は顧客のＩＴ管理者を通してユーザーにＰＣを渡して「あなたたち、生産的に活動してビジネスで成果を出してください」で終わりでした。個々のユーザーの体験にまで踏み込むケースは多くはないはずです。

しかし、ＤａａＳはそうあるべきではないと思います。

ＰＣを渡すだけでなく、ユーザーが生産的に活用できるところまでフォローするのが大前提です。そうでなければ、アズ・ア・サービスとはいえません。アズ・ア・サービスとは、使える状態のＰＣをユーザーに直接提供するということです。それが、ユーザーの体験に尽くすということです。使える状態にＰＣを維持するということは、陳腐化や経年劣化での故障を避けるためにアップデートが重要です。冒頭で「常に使える状態に維持され、さらに価値が上がっていく」と申し上げたのは、こういう意味です。そのために、アップデートが重要なのです。

例えば学校教育でのＩＴ化。学校の先生がオンライン授業をするためのＩＴ機材を配置すべきだという声が高まっています。

それではＩＴ機器がそろえば、学校の先生はオンライン授業ができるようになるのでしょうか？

私は、そうは思いません。

オンラインの授業の組み立て方にはどんなコツがあるのか。困ったときはどうするか。機材のメンテナンスはどうするのか。壊れたときはどうするのか。こうしたことをすべてひっくるめて、学校の先生が活用できるようにしないと、せっかくの機材が機能しません。

オンライン学習に必要なＩＴ機器をそろえるだけでなく、オンライン授業ができる状態を提供することを目指さなければなりません。

これがユーザーの体験に尽くすということです。そして、繰り返しになりますが、常に先生がオンライン授業を提供できるようにＩＴ機器の陳腐化を防ぎ、経年による故障がないように定期的にアップデート（リプレース）していくことまでを直接提供していく必要があります。

企業でのＰＣ活用も同じです。今はＰＣが当然のようにオフィスにありますが、活用しきれていない人もいます。この人手不足の時代、特に中小企業ではＰＣの活用術まで手が回らないのが実情でしょう。Microsoft 365 を含めて、ＰＣを活用できる状態に持っていくのがＤａａＳなのです。

次世代セキュリティーにも対応しやすい

これからのセキュリティーを視野に入れても、ＤａａＳには大きなメリットがあります。

日本ではこれまで、デバイスそのものを管理するのが一般的でした。それは、「これは会社が貸与したデバイスです」と認証してセキュリティーを管理するというものです。

これで本当にPCのセキュリティーを確保できるのでしょうか？

例えば、ユーザー個人の判断でPCのメモリを交換したり、ハードディスクを交換したりしたら、そのPCは会社が貸与したPCなのでしょうか。それとも別のPCなのでしょうか。何かをインストールして変更を加えていたり、外から攻撃を受けたりしたかもしれません。もしくは、ユーザーの悪意によって変更されているかもわかりません。万が一、マルウェアに感染すれば、そのPCを使っていた人が悪者扱いされてしまいます。

会社貸与のデバイスだからといって信用できるわけではないのです。会社が貸与したデバイスは安全、と画一的に認識しようというのはムリな話なのです。

デバイスを一意的に認識するだけでは、セキュリティー的には何の意味もありません。形式上、「管理しています」となっているだけです。

これに対して、デバイスを一意的に認識するのではなくて、厳しいＩＤ検証プロセスに基づいて、ユーザーやデバイスを認証・認可するのがゼロトラストセキュリティという考え方です。この考え方では、ネットワークに限らず、デバイスも何も信用しません。すべて、その都度確認するわけです。今、欧米ではこの手法が主流になりつつあります。

ところが日本はなぜか単にデバイスを認証して、「このデバイスならいいよ」と認証・認可しているのです。

ＤａａＳなら、あくまでもユーザー個々に常に最新の脅威に耐えうるデバイスをサービスとして提供します。このためゼロトラストネットワークやゼロトラストセキュリティーにふさわしい形になるのです。

アズ・ア・サービスの大先輩ＳａａＳ

アズ・ア・サービスの大先輩といえるものに、ＳａａＳ（Software as a Service）

があります。これは、ソフトウエアを個々のPCにインストールする従来のスタイルではなく、クラウド上で利用するものです。

意識しているかいないかにかかわらず、誰もが数多くのＳａａＳを利用しています。その代表例がGmailをはじめとするGoogleの各種サービス。会計ソフトや名刺管理、ラベル印刷なども、今やＳａａＳが主流です。

かつては企業でもサーバーを構築して、買ってきたソフトウエアをインストールして、アップデートし続けて、やっと使えるという状態でした。ＩＴ管理者にとって手間のかかるものでした。

これをクラウドに移行することによって、勝手にアップデートされ続けて、使い続けられるようになりました。これがＳａａＳならではのメリットです。

ここで最も重要なのは「勝手に」アップデートされること。

これはどういうことか。ソフトウエアの価値が常に向上していくということです。ユーザーにとってよりよい体験になっていくのです。

これが「ＳａａＳは永遠のベータ版」といわれるゆえんです。完成して固まったサービスではない。常に価値が上がり続けます。常に価値が上がっていくとなると、購入時点・導入時点での対価を算定できません。

だからこそ、サブスクリプションとして使用料を払い続けるにふさわしいサービスだとユーザーから見なされるわけです。

ところがモノは逆です。時間がたつと陳腐化して価値が下がります。中古品です。だからこそ、モノのサブスクリプションであるＤａａＳもアップデートし続けなければなりません。そうすることによって、長く使えば長く使うほどお得感が生まれるサービスになるのです。

ユーザーとベンダーがダイレクトにつながる

アップデートを短期間で行っていくＤａａＳは、ユーザーダイレクトが標準であるべきです。これは、ユーザーに直接（ダイレクト）提供することで、ユーザーに資する真のサービスが提供できるからです。何よりアズ・ア・サービスが、ユーザーが活用できる状態を届けるという意味でもあります。

従来型のPC販売では、IT管理者にPCを渡して、「あとはユーザーに配ってね。ユーザーが生産性を上げて、ビジネスで成功するというのはそっちでやってね」というものでした。

しかし、PCをサービスとして提供するということは、ユーザーがビジネスで成果を出せる状態にまでPCを持っていくということです。それにはやはりユーザーダイレクトで提供して、その都度、ユーザーからフィードバックを得ないとうまくいきません。ベンダーとユーザーがダイレクトにやり取りできれば、そのわずらわしさからIT管理者がリプレースを避けるということもなくなるでしょう。


かつてベンダーの営業担当者は、顧客のIT管理者だけを相手にビジネスをしていれば事足りました。企業の規模によりますが、一人〜数人を相手に営業すればよかったのです。

ところがDaaSになれば、1万人いる企業なら、1万人のユーザーとダイレクトにやり取りしなければなりません。しかも、ユーザー一人ひとりの求めるものが違うわけです。

かつては1万人のユーザー一人ひとりに対応するのは容易ではありませんでしたが、今はこの課題を簡単にクリアできます。クラウドがあるからです。デジタル化とはそういうことです。

ベンダーはクラウド上にプラットホームをつくればいいのです。ベンダーと1万人のユーザーがクラウド上の管理画面で簡単につながれるというわけです。横河レンタ・リースの場合、「Ｃｏｔｏｋａ（コトカ）」というプラットホームを開発しました。従来のモノの売りを、顧客の「コト」にする、コト化する、というネーミングです。

従来は、ＩＴ管理者が調達するＰＣを選んで従業員に配布していました。しかし、それが必ずしもユーザーが使いたいＰＣ、使いやすいＰＣとは限りません。

そもそも、ＩＴ管理者はすべての従業員の業務に通じているわけではありません。一人ひとりがどのようにＰＣを使って仕事しているかまでは把握してはいません。

企業の規模によりますが、ＩＴ管理者がユーザー一人ひとりに寄り添うのは不可能だと言えます。調達したＰＣがユーザーの成功に貢献しているかどうかなんて、ＩＴ

管理者には分からないからです。最大公約数でとらえるしかありません。

だからこそ、ベンダーがユーザーと直接やり取りして、成功を見届けるまでサポートしていく必要があるわけです。ＤａａＳなら、プラットホームを介してベンダーがユーザー一人ひとりに対応できるのです。

ユーザーが直接デバイスを選び、直接受け取り、セットアップや更新はオンラインで自動的に行われます。サポートもユーザーが直接オンラインで受けられます。

Microsoft 365 には多くのアプリケーションが入っています。例えば、それらを紹介する短編動画をＤａａＳポータルにアップすることもできます。それを見れば、ユーザーはよりデバイスを活用して、体験を向上していけるわけです。

ユーザーとベンダーがダイレクトにつながることによって、ユーザー一人ひとりに応じたサービスを提供できるのです。

クラウドのプラットフォームを通して簡単に利用可能

これまでアップデートの重要性を繰り返し述べてきました。しかし、もしデバイスのアップデートに大きな手間がかかるのなら、むしろ生産性が落ちかねません。それでは元も子もありません。「こんなに大変なら、古いPCのままでいいや」と思ってしまうでしょう。

この課題は、アップデート作業を劇的に簡単にする仕組みで解決できます。それがクラウドです。

クラウドが発展したことから、ベンダーとユーザーがダイレクトにつながるのが簡単になりました。

そこで、横河レンタ・リースは、ユーザーダイレクトのDaaSを実現するためにクラウドのプラットフォームが必要だと考えました。そうして当社が立ち上げたのが「Cotoka（コトカ）」というクラウドのプラットフォームです。

当社が考えるDaaSを提供するCotokaを使えば、ユーザーはDaaSの利用を簡単に始めることができます。

通常のクラウドサービスと同じように利用できるからです。

まず、クラウド上のプラットホームで、IT管理者がサービスを契約します。

例えば5台のPCを1台月9000円の枠で購入するとします。すると、5台分のライセンスが付与されるので、それを、PCを利用する従業員に割り当ててユーザー登録します。

それを受けて、例えば松尾太輔にDaaSが1ライセンス付与されたとします。そうすると、松尾太輔の管理専用のポータル画面が立ち上がります。ここに松尾太輔でログインします。

これでもうDaaSを使うことが可能になりました。松尾のポータル画面には、月額9000円で使えるPCが数機種並んでいます。そこから自由に好きな機種を選べます。

さらに、届け先を指定します。

確定すると、配送中になって、進捗も見られます。

ほとんどネットショッピングです。

PCはIT管理者を経由せずに直接ユーザーに届きます。届け先は、職場はもちろん、テレワーク中の自宅でも可能です。

届くのは、何もいじっていない新品のPCです。セットアップはされていません。

ＩＴ管理者を通していないので当然です。

自分でセットアップするのは面倒くさいと思うかもしれませんが、心配ご無用です。今はＰＣのセットアップは驚くほど簡単になっています。マイクロソフトのAutopilotを使えば、ＰＣの電源を入れて、ロケールといって地域を指定すると、早速Wi-Fiにつながって、クラウドにアクセスします。すると、ＰＣ自体は自動的にセットアップされます。

ＩＤとパスワードを入力すると、その企業、そのユーザーに合わせて、クラウドからアプリケーションが次々と降ってきて、セットアップが完了します。この後、本来はユーザー自身が古いＰＣから新しいＰＣへデータを移行する必要がありますが、当社のデータレスＰＣであればその必要はありません。

つまり、簡単にアプリケーションもデータもすべてそろった状態になるのです。

ＰＣ入れ替えの面倒臭さは劇的に軽減されます。

一方、ＩＴ管理者はプラットホームで「松尾はこのＰＣを選んだ」と把握できます。

ＩＴ管理者のストレスも激減します。

ユーザーはこのプラットホームからさまざまな体験を向上させることができます。例えば修理・交換が必要なら、ユーザーが自分でポータル画面から依頼できるのです。サポートが必要ならポータル画面から呼べばいい。

もしかするとオプション品が必要になるかもしれません。そのときは、ポータル画面からオプション品も購入できます。IT管理者が「2万円まで使っていいよ」と設定すれば、ユーザーは2万円の範囲内で自由に使えます。

今までなら、必要なモノがあれば自分で家電量販店に行って買ってきて、領収書をもらって精算するケースが多かったことでしょう。ところがDaaSなら、ユーザーと経理担当の両者の手間が省けるわけです。

さらに、2年なら2年という一定期間が過ぎるとポータル画面に通知が来て、入れ替えのための次のPCを選ぶことができます。従来は、管理者が一生懸命、手で運用していた選定から展開、利用（中のサポート）、廃棄・更新（リプレース）というP

Cのライフサイクルがユーザーを中心に自動で回るのです。

IT管理者にとっても、ユーザーにとってもアップデート（リプレース）にかかる負担が劇的に少なくなる仕組みです。

DaaSにとって、このようなクラウドからサービスを提供するためのプラットホームは必要不可欠でしょう。アップデートすべきと言っても、それが物理的にも、コスト的にも大変なモノであれば、現実的には出来ません。DaaSとして提供され、アップデートがIT管理者にとっても、ユーザーにとってもほとんど負担がないものになってこそ、はじめてきちんとアップデートしていくことができるというものです。

コロナ禍によってDaaSのメリットが浮き彫りに

DaaSなら、PCの届け先は何もオフィスに限りません。発送伝票に記入する住所は自宅でも何の問題もありません。

とはいえ、コロナ禍以前、自宅に届けてもらえるといっても多くの人が自分とは無縁のことだととらえていました。テレワークをしている人がごく少数だったからです。ユーザーにダイレクトでPCが届くと聞いても、多くの人が「オフィスの自分の席に届くんでしょ?」という程度の感覚でした。企業内のネットワーク内でPCを管理するのが大前提だったからです。

ところが、コロナ禍によって事態は一変しました。国を挙げてテレワークを推奨するようになり、IT企業や大手企業の多くは大胆にテレワークへと移行しました。

コロナ禍がいつまで続くかわかりません。企業の意向に関わらず、テレワークを導入せざるをえない状況が続く公算が大きい。自宅でPCを使って仕事する人がかつてとは比べものにならないくらい増えるはずです。

従来はPCを外出のときに持ち出すにしても、1日1回、出張の多い社員でも少なくとも週1回は社内に戻ってきて社内ネットワークにつなぐのを前提にしている企業がほとんどです。社外でも社内ネットワークにつなげるようにしていても、データサイズの大きなWindowsアップデートなどは実行されないように制限しているケースが多いでしょう。

ところが、在宅ワークが普及すると、会社にほとんど来ない従業員のことも想定せざるをえません。そうなると、従業員からすれば「ＰＣの調子が悪いからって、それだけのために密な満員電車に乗って会社に行くの？」という疑問が湧くわけです。

ＤａａＳなら、ＰＣの入れ替えも、故障対応も、オプションの追加も、すべて自宅でできます。自分のＤａａＳポータルにアクセスすれば、たいていのことは解決します。

コロナ禍によって、ＤａａＳへの移行のメリットが浮き彫りになってきたわけです。ＤａａＳは、結果的にコロナ禍を予見していたようなサービスになっているのです。

情シスはＰＣ管理から脱却し、ＤＸの推進役へ

私は、これまでさまざまな企業のＩＴ管理者と接してきましたが、そこで痛感していることがあります。

それは、日本の情シスはがんばりすぎているということ。

従来のモノとしてのPCでは、IT管理者が選んで買ってきて、セットアップして、ユーザーに個々に配って、一定期間が経ったら一括でリプレースするという流れでした。1から10までIT管理者がお膳立てしていたのです。

それだけではありません。ユーザーのリテラシーに合わせて、スタートメニューの並べ方からタスクトレーのアイコンまで、実に細かく設定してあげています。

本当に、そこまでやってあげる必要があるのでしょうか。今一度、見直してみるタイミングだと思います。


今、世界はもちろん、日本もコロナ禍によって、新しい世の中へと変わらざるをえません。アフターコロナ、ウィズコロナによって大胆な変革が求められているのです。

仕事にPCは不可欠。しかし、今までのPC管理のやり方を続けていては、テレワークが当たり前のこれからの世界では業務に支障が出てしまうのは明らかです。

DaaSなら、IT管理者がユーザーとベンダーの間に挟まれて、細かな業務をこなす必要はありません。DaaSでは、IT管理者は煩雑な作業から解放されて、全体の契約を管理するのが主な役割になるのです。

ＰＣはビジネスに欠かせないアイテムですが、ビジネスのコアではありません。ＰＣの運用が直接的に売り上げや利益の拡大につながるかといえば、そんなことはありません。顧客満足度を高めるわけでもありません。

ただでさえ人手不足の情シスは、業績アップにつながらない業務に悩まされている場合ではありません。

デジタルトランスフォーメーション（ＤＸ）が叫ばれるこの時代に、ＩＴ管理者はＰＣ管理に追われてはいられないのです。社内のＰＣ管理にとどまらず、本業のデジタルトランスフォーメーションの推進役を担うべきなのです。

日本の情シスはもう、余計なことをしている場合ではありません。

ＤａａＳによってＩＴ環境が常にアップデートされるようになれば、古いＰＣを使い続けることによるロスがなくなります。ユーザーは仕事をしていてＰＣの性能に足を引っ張られることがなくなるのです。ユーザーがＰＣスペックへのストレスなく業務に集中できるようになれば、必然的に生産性も上がるはずです。

ＰＣ管理はＤａａＳに移行して、ＩＴによる生産性の向上やデジタルトランスフォーメーションといった分野に労力を注ぐべきではないでしょうか。

デジタルトランスフォーメーションに挑戦できる情シスなら、若いエンジニアにとっても魅力的に映るのではないでしょうか。

伸びているＩＴ企業はＤａａＳとの相性抜群

ＰＣなしに現代の仕事は成り立ちません。ＤａａＳはどの業界にとってもメリットの大きなサービスです。

ただ、まだ世界的にも始まったばかり。これから日本市場で浸透していくにあたって、ＤａａＳ導入の先陣を切るのは伸びているＩＴ系企業ではないかと私は見ています。

伸びているＩＴ系企業はそもそも新しいもの好きの集団。少数精鋭で事業を伸ばしていくために、生産性を向上しなければならないという意識も強い。旧来型の働き方への執着もなく、テレワークへの移行にも積極的です。コロナ禍のずっと以前から地方にサテライトオフィスを構えているＩＴ系ベンチャー企業もあるくらいです。

このためＩＴ系ベンチャー企業はＤａａＳを受け入れやすく、上手に活用する土壌がすでに整っていると考えられます。

まずは、こうしたＩＴ活用に積極的な中堅・中小企業からＤａａＳの導入は広がっていくと考えられます。

逆に、コスト削減による現状維持を志向している旧来型の価値観を持つ企業には、人もモノもアップデートさせていくという感覚が伝わりにくいかもしれません。

それでは、大手企業はＤａａＳとの相性が悪いかというと、そんなことはありません。

ただ、大手ほどカスタマイズ志向が強い。

組織の規模が大きい分、部署も職種も多様です。会社によっては、事業部によってまったく異なるビジネスを展開しているケースすらあります。

ＤａａＳはＩＴ管理者を介在させないのが大きなポイントですが、従業員数が多いとサービス提供事業者からの単一的なサービスで対応するのが難しくなる可能性が大きい。その結果、どうしても柔軟性が求められます。

大手企業の場合は、ＩＴ管理者から「自社に合わせたＤａａＳが欲しい」という要望が出てくるケースが予想されます。

例えば、その企業の事業体ごと、グループ会社ごと、あるいはホールディングスのＩＴ部門や情シス子会社ごとにある程度カスタマイズする「プライベートＤａａＳ」という形が派生すると考えられます。

まずは中堅・中小企業でＤａａＳのスタンダードを確立した先には、大企業には大企業に、中小企業には中小企業に合ったＤａａＳの在り方を掘り下げていきたいと考えています。

第 3 章

難しい「モノのサブスク」

～DaaSとサブスクリプション～

サブスクリプションとは？

サブスクリプション。

近年、この言葉を目にする機会が増えました。「2019ユーキャン新語・流行語大賞」では「サブスク（サブスクリプション）」がノミネートされるほど一般にも広く浸透しています。

サブスクリプションといえば、動画配信サービス「ネットフリックス」や音楽ストリーミングサービス「スポティファイ」「アップルミュージック」、あるいは「アマゾンプライム」などを思い浮かべる方が多いでしょう。

居酒屋の飲み放題サブスクリプションやラーメンのサブスクリプションなども話題になりました。

日本では、多種多様な商品やサービスがサブスクリプションになっています。

ＤａａＳは、まさにＰＣのサブスクリプションです。

改めて、サブスクリプションとはなんでしょうか？

まず思い浮かぶのは定額サービスや月額課金でしょう。しかし、実は、課金形式はサブスクリプションを構成する一つの要素に過ぎません。

日本でサブスクリプションプラットホームを提供しているビープラッツ社はサブスクリプションを「顧客と継続的な関係を担保しているビジネス」と定義しています。

ちなみに、同社はホームページで次のようにサブスクリプションを説明しています。


多くのメディアは「料金の支払い方」のみに注目し、「コーヒー飲み放題」や「音楽聴き放題」などのサービスを取り上げ、定額課金や従量課金こそがサブスクリプションであるかのように伝えています。もちろん、この捉え方は間違いではありません。しかし、それだけだとあまりにも表層的な理解で、サブスクリプションの価値を見誤ってしまいます。

サブスクリプションの語義範囲は非常に広く、「顧客との継続的な関係」が担保されていれば全部サブスクリプションです。「決済」や「会員制」、「eコマース」といった言葉と同等の語義範囲を持っているといって過言ではありません。

つまり、ビープラッツ社は、定額課金や従量課金は狭義のサブスクリプション、顧客との継続的な関係が担保されていることを広義のサブスクリプションと言っているわけです。

グローバルでサブスクリプションビジネスを支援しているZuora Japan社の桑野順一郎社長はサブスクリプションを「顧客との継続的なリレーションシップによる収益化を行い、それによってLTV（ライフタイムバリュー）を高めていくビジネスモデル」と定義しています。

こうして見ると、サブスクリプションは、とても広い概念なのです。

今、あらゆるビジネスがサブスクリプションの方向にシフトしています。
その背景にあるのは、モノが売れなくなってきたこと。
いいモノを作れば売れるという時代は、すでに終焉《しゅうえん》を迎えました。

それではなぜ、モノが売れなくなったのでしょうか。モノづくりが発達して、品質の高いモノが世の中にあふれてしまったからです。そうなると、モノ自体で差別化するのは難しい。ＰＣにしろ、洗濯機にしろ、自動車にしろ、メーカーによって多少の特色の違いはあっても、品質に大差はありません。

ただ単にモノを売っているだけでは、差別化できない時代なのです。

それではどうするのか。顧客に寄り添って、モノの活用を含めた「コト」まで提供して、はじめて差別化できるわけです。そこまでやらなければ、モノが売れなくなったのです。

「モノからコトへ」。

この言葉をよく耳にするようになったのは、このためです。まさにモノからコトへと転換するのがサブスクリプションなのです。

モノは売って終わりが基本。売った後に消耗品の販売やメンテナンスなどが付随するモノもありますが、多くのモノは売れるかどうかが勝負です。

しかし、コトは違います。コトは、売ってからが勝負。モノが売れなくなったこの時代、あらゆるビジネスが継続的、包括的に顧客と付き合うサブスクリプション化するのは必然なのです。

「サブスクリプション＝月額」は大いなる誤解

「今年はいくら売れるんだろう……？」

多くの経営者がそんな暗中模索の状態で格闘していることでしょう。受注と失注を繰り返して一喜一憂しているはずです。

サブスクリプションという言葉がはやり始めたとき「自社の製品をサブスクリプション化できないか？」と考える企業が出てきました。その裏には、次のような見込みがあるようでした。

「今年はこれだけ売れたけれど、来年も同じだけ売れるか分からない。不安だ。ところが、どうも世の中、サブスクリプションという素晴らしいビジネスがあるらしい。サブスクリプション化すれば、枕を高くして寝られるらしい。ストックビジネスだから、日々の受注・売り上げに追われることもなくなる。われわれもサブスクリプションを始めたい。われわれの製品を御社で買って月額化してくれないか」

いわば家賃収入がある大家さんのイメージです。

毎月チャリンチャリンと家賃が入ってくれば、経営は安定します。毎月の売り上げに一喜一憂しなくてすみます。

実際に、こうした考えで自社の商品やサービスを月額化するケースが少なくないようです。

「サブスクリプション＝月額」と解釈して、料金体系を月額化すればトレンドに乗れるというもくろみです。

ましてや今はコロナ禍の真っただ中。業界によっては、対面での営業活動が思うようにできず、売り上げが急減するという危機的状況と向き合わざるをえません。来期どころか、今期、さらには今月の売り上げのメドが立たないケースもあるでしょう。

こうした状況のもとで、サブスクリプションビジネスへの注目度がさらに高まっています。

ただ、ビープラッツ社やZuora Japan社が定義しているように、サブスクリプションの本質は、あくまでも顧客との継続的、包括的な関係を結ぶこと。そもそもの関係の中でどう利益を出すかを明確にするところにあります。何でも月額化すればうまくいく程甘くはないのです。

現に、これまでさまざまなサブスクリプションビジネスが誕生しましたが、スーツや焼き肉食べ放題など、軌道に乗らずに撤退したケースも多くあります。

ＤａａＳとレンタルＰＣは本質的に違う

ＤａａＳとレンタルＰＣ。この二つが似ていると感じた方もいるでしょう。どちらも月額払いというのは共通していますが、本質的には異なるものです。

サブスクリプションビジネスであるＤａａＳは、いつでもやめられるとはいうものの、継続して契約してもらうことによって成り立ちます。継続して契約してもらうためには、ベンダーはそのサービスを常に向上させていって、顧客体験に努めなければなりません。

その結果、ライフタイムバリュー（ＬＴＶ＝顧客生涯価値）を大きくしていくわけです。ＬＴＶは顧客が企業と取引を始めてから終わりまでの期間内にどれだけの利益をもたらすのかを算出したものです。

常に価値を向上させて、顧客を可能な限りつなぎとめておこうというのがサブスクリプションのビジネスということです。これをリカーリング性といいます。

このリカーリング性がレンタルビジネスには乏しい。レンタルの場合、契約期間を決めないと月額の単価が出ません。必ず契約期間があります。更新時期になると「じゃあ次のＰＣに乗り換えましょう」という話になるのです。このとき、相見積もりを取って、コンペを開くというのがよくあるパターンです。私がレンタルビジネスに携わって思ったのは、レンタルと購入の調達における考え方はあまり大きく変わらないこと。レンタルは、どうしてもモノの調達と同じ線上で語られるからです。もちろん、これは顧客にとってメリットがないわけではありません。顧客にとっては、価格を見直すいい機会です。コスト削減ができるかもしれません。しかし、コンペやリプレースには多大な工数が管理者にかかってきます。それに見合うコスト削減が出来るかどうかは、分かりません。

レンタルはモノを期間内で利用するという点では、購入・リースに比べてもっとも優れたモデルです。例えば2年契約なら月額5000円、4年契約なら月額2000円といった具合に、契約期間が長くなるほど安くなる価格設定になっています。PCの陳腐化を織り込んだうえでの価格設定になっているわけです。何よりも解約金などの制約こそありますが、途中解約が可能です。PCをすぐ使えるように設定するキッティングなどの付帯サービスも用意されていているので、利用期間を設定してその中で柔軟で最適なコストにするという意味では非常によくできたサービスです。

ただしモノの調達である以上、購入・リースと同様にハードはハード、ソフトはソフトで調達されやすくなります。これは、日本の企業の特性なのか、特にハード（モノ）は必ず相見積にかけて、価格をシビアに見る傾向があります。ハードウエアはコモディティ化が進みすぎています。コモディティ化とは、高い付加価値を持っていた商品、その市場価値そのものが低下し、商品自体の価値も下がって一般的なものになってしまうということです。つまり、ＰＣはもはや、高価で特別な商品ではないということです。メーカーによる性能の差もほとんどありません。ＰＣはどこから調達してもいい。だからコンペになりやすいのです。ハードはどこから調達しても同じなので、そこはきちんとコストミニマム優先でコンペした後、ソフトは別に買うというのが多いのです。

これに対して、ＤａａＳの場合、ユーザー一人ひとりによるデバイス調達から希望する場所への配送、自動セットアップ、さらに次の買い替えまで、ＰＣの管理がすべてシームレスで提供されるわけです。ＰＣを入れ替えても、Microsoft 365は自動で適用されるようになっています。こうなって、はじめてハードとソフトを一緒に調達する意味があります。またこうすることにより、モノを管理していく（資産管理）ことからも解放されます。調達は、人の出入りというイベントをベースに人単位に契約という形で簡素化され、新人が入社すれば契約、退職すれば解約すればいいだけになります。

レンタルは、柔軟にモノを利用するモデルとしては非常に優れています。この点では、かなり近いものです。納期を短縮するために予備機など在庫を持ったりしなければ資産管理も、基本的に不要です。必要な時に調達し、不要になれば解約することができます。しかし、モノとしてハードやソフトを見てしまうと、どうしても一体感がそがれてしまいます。対して、ＤａａＳはサービスとして提供することで顧客の視点は体験が中心になります。その体験は、先ほど申し上げたようにシンプルな運用です。まとめて調達する意味が生まれます。レンタルがモノとしての最高の利用モデルとするならば、体験としてハードとソフトをまとめた、進化した利用モデルがＤａａＳだというわけです。

サブスクリプションとリカーリングの微妙な関係

サブスクリプションについてインターネットで検索していると、「リカーリング」という言葉もよく耳にします。インターネットで検索すると、このリカーリングという言葉の定義が迷走しています。

よくあるのが「サブスクリプションは権利料、リカーリングは使用料」という説明です。ネットフリックスやスポティファイは権利料なのでサブスクリプション、電気代や水道代は使用料なのでリカーリング、というのです。「電気代やガス代などの従量課金がリカーリングで、定額課金がサブスクリプション」と解説しているサイトもあります。

ほかにも「リカーリングはBtoB向けで、サブスクリプションはBtoC向け」「リカーリング=保守契約」といった記述も見られます。

私はこれらの定義づけは本質からは少しズレていると思います。

リカーリングとは「循環する」「繰り返される」という意味です。

商品やサービスを引き続き買ってもらうための「継続課金」がリカーリングです。

従量課金か定額課金かという違いは、リカーリングとは関係ありません。

ということは、サブスクリプションにもリカーリング性が含まれているのです。つまり、リカーリングもサブスクリプションの一つの要素なのです。

サブスクリプションはリカーリング性が肝

「セールスフォース・ドットコム」の11番目の社員で、後にZuora社を創業したティエン・ツォ氏はセールスフォース社の在籍中、クラウドサービスで課金する事業を急成長させました。そのとき、ツォ氏は月額課金というのが素晴らしいビジネスモデルだと気づきました。ただ、解約が多いという課題を抱えていたそうです。

新規受注が増えていれば、解約のことを気にしなくなりがちですが、利益は新規契約よりも既存契約のほうが圧倒的に大きい。これは、サブスクリプションが販売ビジネスとは決定的に違う点です。

販売ビジネスはモノをドンと売って、その後必要に応じて保守費用をほそぼそともらうビジネス。

これに対して、サブスクリプションは小さな月額単価をコツコツもらっていくビジネスです。

ツォ氏は、サブスクリプションのビジネスモデルでは、当年に獲得した新規受注よりも、前年に獲得した契約継続のほうが、利益が大きいことに気づいたそうです。単純です。4月から会計年度が始まる会社だとすれば、8月に契約を取ったら8～3月の8カ月分しか売り上げがありません。ところが、前年に獲得した顧客が次の年も1年間継続すれば、丸々12カ月分の売り上げになるのです。

サブスクリプションビジネスで極めて大事なのは、継続すること。つまりリカーリング性です。

顧客に繰り返し使い続けてもらって、はじめてサブスクリプションビジネスは成り立つのです。

サブスク化すると売り上げが激減する!?

サブスクリプション化に成功した先駆けの事例としてよく取り上げられるのが「アドビ（Adobe）」です。

PDFを閲覧するためにAcrobat Readerを日常的に使っている人は多いでしょう。

Photoshop や Illustrator といったクリエイター向けのアプリケーションで世界的に

有名なＩＴ企業です。

アドビ社はかつて、他のＩＴ企業と同じようにアプリケーションをパッケージで販売していました。

ところが、２０１２年からアズ・ア・サービスへ移行したのです。つまりサブスクリプション化です。

アドビのサブスクリプション化については、「うまく株主を説得して、サブスクリプション化に成功した」という文脈で語られることが多いのですが、これはどういうことでしょうか。

従来型の販売式パッケージソフトなら、売れた瞬間にその場で売り上げが立ちます。ところがサブスクリプション化すると、月々お金をほそぼそといただいて、３年、４年、さらにはもっと長く使ってもらって投資を回収するというモデルになるわけです。

誰でも売り上げを後回しにはしたくない。それなのに、サブスクリプション化すると、パッケージソフトを売っていたときと比べて売り上げが後回しになるのです。

営業部門は、目の前の売り上げを下げたくない。株主も、株価や配当を考えると目先の売り上げを下げてほしくない。

つまり、社内の営業部門も社外の株主も販売ビジネスのサブスクリプション化をよく思わないのです。

ですから、販売型からサブスクリプション化へのビジネスモデルの転換にはどの組織も苦労しています。

「今年は20億もうかった！　じゃあ来年は30億だ！」という経営者がほとんどです。売り上げを伸ばして、事業を成長させるのが正しい、というのが多くの経営者の大前提なのです。

パッケージソフトで売り上げが見込めていたのに、ある日を境にサブスクリプションに切り替えるとなると、当期の売り上げが激減します。それに納得する経営者や株主がどれだけいるでしょうか。

これがサブスクリプション化の大きな障壁になっているのです。

今でこそ、サブスクリプションという言葉が一般的になって、サービス提供側と顧客の両者にとってメリットが大きいことが広く知られるようになりました。

アドビはそのはるか以前に、一時的な売り上げダウンを伴うサブスクリプション化に打って出たのです。そして、見事にサブスクリプション化を成功させました。

このため、周りから「売り上げを下げるのは英断だ。そのことを株主に説得できたのは素晴らしい」と評価されたわけです。私もその通りだと思います。


ただ、ここで一つの疑問が私の頭をよぎりました。

「取りあえず今までパッケージで売っていたモノを、売り上げが下がることを覚悟して月額化すればうまくいくのか?」という疑問です。

私は、必ずしもそうではないと思います。

「タイラーのスライド」というカラクリ

最近、SaaSやクラウドサービスのテレビCMをよく目にしませんか?

まだスタートしたばかりのクラウドサービスなのに、なぜか大量の広告を打っているケースがあります。

一般的には、広告費は売り上げの何%と設定します。売り上げが大きければ広告費も大きい。ところが、まだ売り上げが大きくないクラウドサービスに、なぜ、大きな広告費を投じることができるのでしょうか？

そこには「タイラーのスライド」と呼ばれるカラクリがあるからです。

サブスクリプションの成功事例を紹介する記事やサイトで必ず取り上げられるアドビについて、価格設定が巧だったことと、株主をうまく説得したことくらいしか書いていないケースがあります。

私は、もう一つの成功要因がこの「タイラーのスライド」だと考えています。

ここに、欧米でサブスクリプションビジネスがもてはやされた最大の理由があるのです。

それでは「タイラーのスライド」とはどのようなものなのか。これはZuora社のCFOのタイラー・スロート氏が提唱したモデルです。

図（図表F）を見てください。

左側のFY19は19年度の売り上げです。

その内訳は、18年度から継続の年間定常収益（CARR18）から、解約（Chun

＝チャーン）を引いて、新規獲得の19年収益分（ＮｅｔＡＲＲ）を足したものです。

ただし、19年の新規獲得は月額課金ですから、19年の収益にならずに20年の収益になる分があります。これも含めた新規契約（ＡＣＶ）と18年からの継続契約が20年の収益につながっていきます。

月額払いでリカーリング性のあるサブスクリプションですから、19年度の時点で20年度に資する年間契約金額を算出できるわけです。

これがどういうことか。来年の売り上げは、今年の時点でほとんど見通せているということ。サブスクリプションを3年も続ければ、将来はどれぐらいの大きさの売り

F: サブスクリプションビジネス

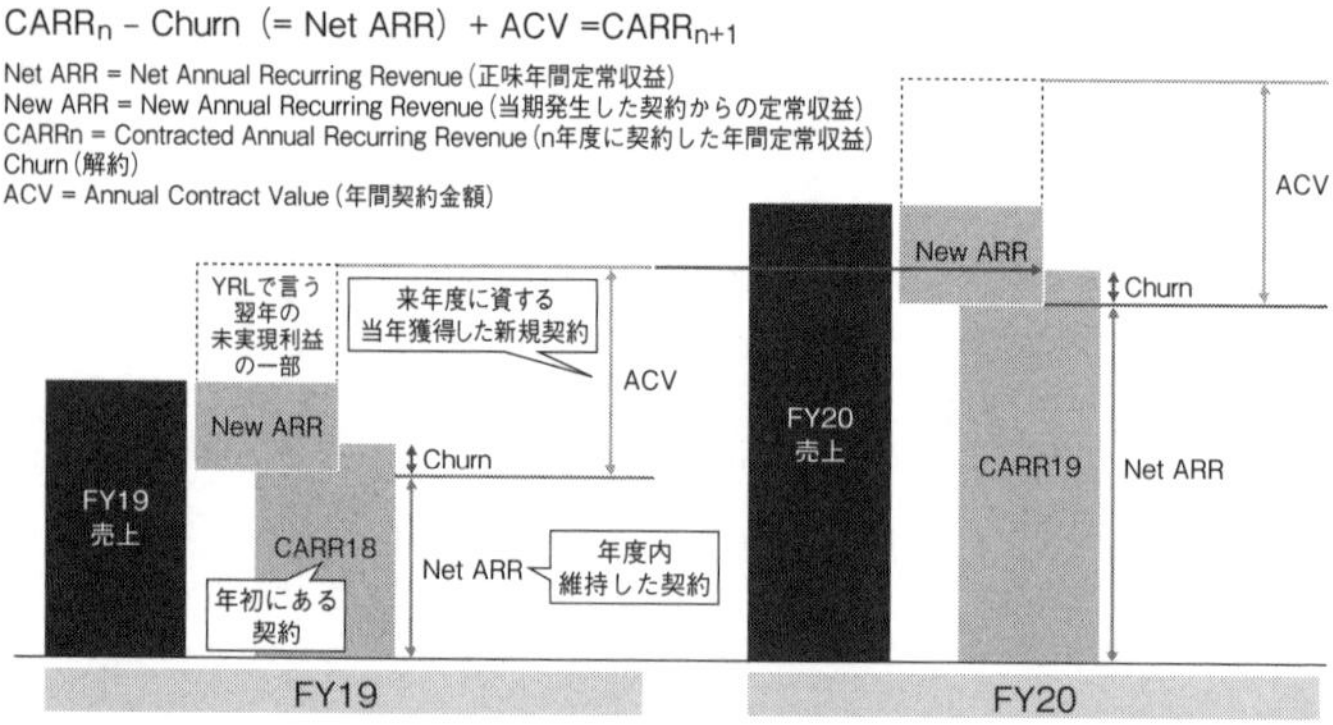

上げになるか、見通しが立つようになるのです。

これに対して、販売ビジネスというのは、今年10売れたからといって、来年も10売れることが保証されているわけではありません。2倍の20売るとなったら、さらなる営業力の強化が必要です。

ところが、サブスクリプションなら、月々のユーザーが少し増えていけば売り上げがどれくらい伸びるかを見通すことができます。解約率も分かるので、見込みを外す確率も低い。

そういったことを踏まえると、なぜサブスクリプションビジネスが隆盛したのかが見えてきます。

この理論を用いれば、将来の売り上げの見通しが立つので、株主や投資家を説得して資金を調達しやすいのです。ですから売り上げが立つ前に先行的にテレビCMを打てるのです。

将来の売上高がこれくらいは見通せるから、市場から資金を調達して、宣伝広告費に自分たちの売り上げの何倍もの金額を投下できるのです。

こういうスタイルが最近のスタートアップ企業やベンチャーキャピタルの間ではやっています。

3年くらい事業を続けて傾向をつかんだら、5~7年くらいでIPO（新規上場）をかけていくというのが最近のスタートアップ企業によくあるパターンです。その過程（投資ラウンドのシリーズBからC）において、従来なら上場しなければ手に入らないような金額が、ベンチャーキャピタルから流れ込んできます。これがユニコーン企業（評価額が10億ドル以上の未上場のスタートアップ企業）が生まれる一つの要因です。

グローバル市場で見れば、2018年にナスダックに上場したDropboxがこのパターンに当てはまります。2007年にオンラインストレージサービスというサブスクリプションモデルのビジネスを始めて、ベンチャーキャピタルから巨額の投資を受けて成長してきました。

上場するとき、何が重要かといえば、予算と実績を管理する「予実管理」です。どれぐらいの見通しがあるかが投資家にとっては重要です。絵に描いた餅には投資してくれません。「俺はこんなにやるんだ」と言ったって、「その根拠は?」と言われたとき、問われるのは過去の実績です。

上場した後、どれくらい大きなビジネスになるのか。投資のしがいがあるのか。統計的に過去実績から未来を予測しやすいのもサブスクリプションビジネスのポイントなのです。

ユーザーが受け入れる理由

企業にとって、将来の見通しを立てやすいサブスクリプションビジネスが魅力的なのは分かりやすい。経営者がサブスクリプションビジネスにすれば左うちわの生活ができると想像するのも無理からぬ話です。

しかし、サブスクリプションビジネスが将来の見通しを立てやすいというのは、あくまでも提供側のメリットに過ぎません。これをユーザー側が受け入れる理由はありません。

それでは、アドビは自社や株主のメリットだけでサブスクリプションに移行できたのでしょうか。そんなことはありません。ユーザーにも受け入れられたのです。

繰り返し述べてきたように、ユーザーにとって「なぜサブスクリプションなのか？」という最大の必然性は、アップデートです。

例えばカメラや家具といった分野でのアンティーク品などの例外はありますが、モノは買った瞬間に中古になって、価格が下がっていくのが大原則です。ソフトウエアも陳腐化は避けられません。

パッケージソフトの場合、陳腐化を避けるためには新バージョンを購入しなければなりません。しかし、サブスクリプション化によって常にアップデートされるようになれば、陳腐化せずに価値が向上していきます。しかも、自分は何もせずに放っておけばクラウドの向こう側で自動的にアップグレードされていくのです。これがユーザーにとってサブスクリプションの最大の魅力なのです。

アドビのソフトウエアを使っているプロのクリエイターは、かつては最新バージョンが出るたびに購入しなければなりませんでした。しかし、サブスクリプション化されれば、常に最新バージョンです。ソフトウエアの更新をいちいち気にせず、仕事に専念できるのです。

時間の経過とともに価値が上がっていくということは、今の時点で将来の対価を算出できません。

3年後に価値が上がっていることが確実なら、今の時点で購入して価値を固定してしまうことにメリットはありません。ユーザーは、クラウド化によるサブスクリプションを利用したほうが大きなメリットがあります。サブスクリプションビジネスにとって、この要素は欠かせません。ユーザーにとって重要なのは常にアップデートされ

G: 重要なのは、「アップデート」

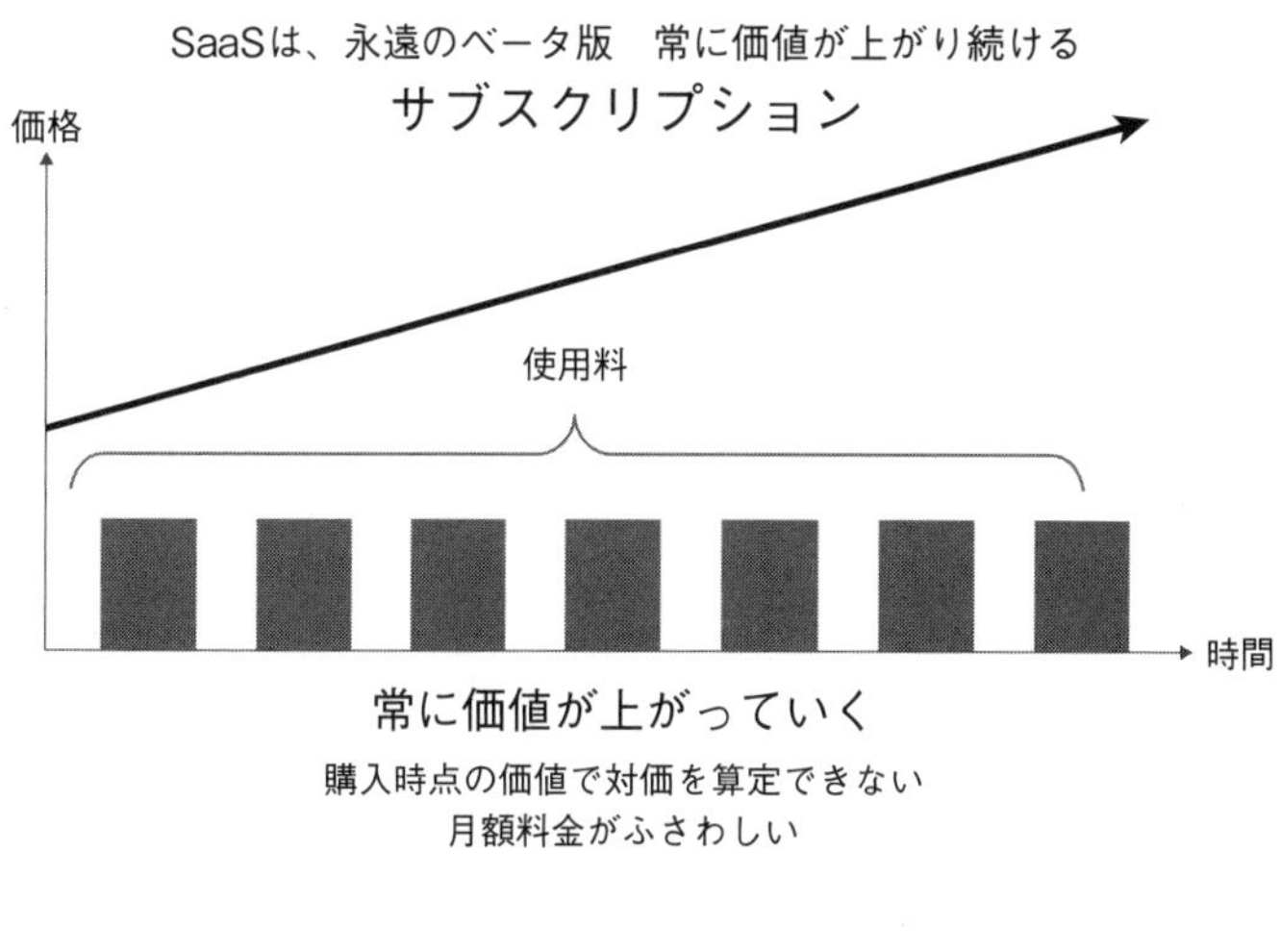

SaaSは、永遠のベータ版　常に価値が上がり続ける
サブスクリプション
価格
使用料
時間
常に価値が上がっていく
購入時点の価値で対価を算定できない
月額料金がふさわしい

ていることなのです（図G）。

モノのサブスクの難しさ❶

モノは劣化する

「ネットフリックス」や「スポティファイ」は、サブスクリプションによって映像や音楽といった業界の常識を覆しました。従来のビジネスモデルを破壊して、新しいサブスクリプションモデルで世界を席巻しています。

世界的に成功しているサブスクリプションの多くは、この二つのようにデジタルサービスです。

しかしＤａａＳはＰＣという形あるモノのサブスクリプションです。モノのサブスクリプションは、デジタルのサブスクリプションに比べて難しい点が二つあります。

一つはモノの価値は劣化するという点です（図H）。

物理的なモノである以上、顧客が手にした瞬間に価値や価格が決まってしまいます。価格がフィックスしているから、顧客はその対価を支払えるともいえます。ですから、販売という仕組みが成り立つのです。

それではフィックスした価値というのは、それを使い続ける間、ずっと享受できるのでしょうか。そんなことありません。

モノである以上、劣化を免れません。

さらにPCのようなIT製品は、技術革新のスピードが速い。自分が同じモノをずっと使い続けている間に、競争相手が最新のモノに乗り換えれば、自分のパフォーマンスは相対的に低下します。

時間が経つにつれて相対的に陳腐化していくことを考えると、IT製品は月額・定額で払い続けるとお得感がなくなります。価値が下がっていくものに毎月同じ額を払うからです。

H: モノの価値は、下がる

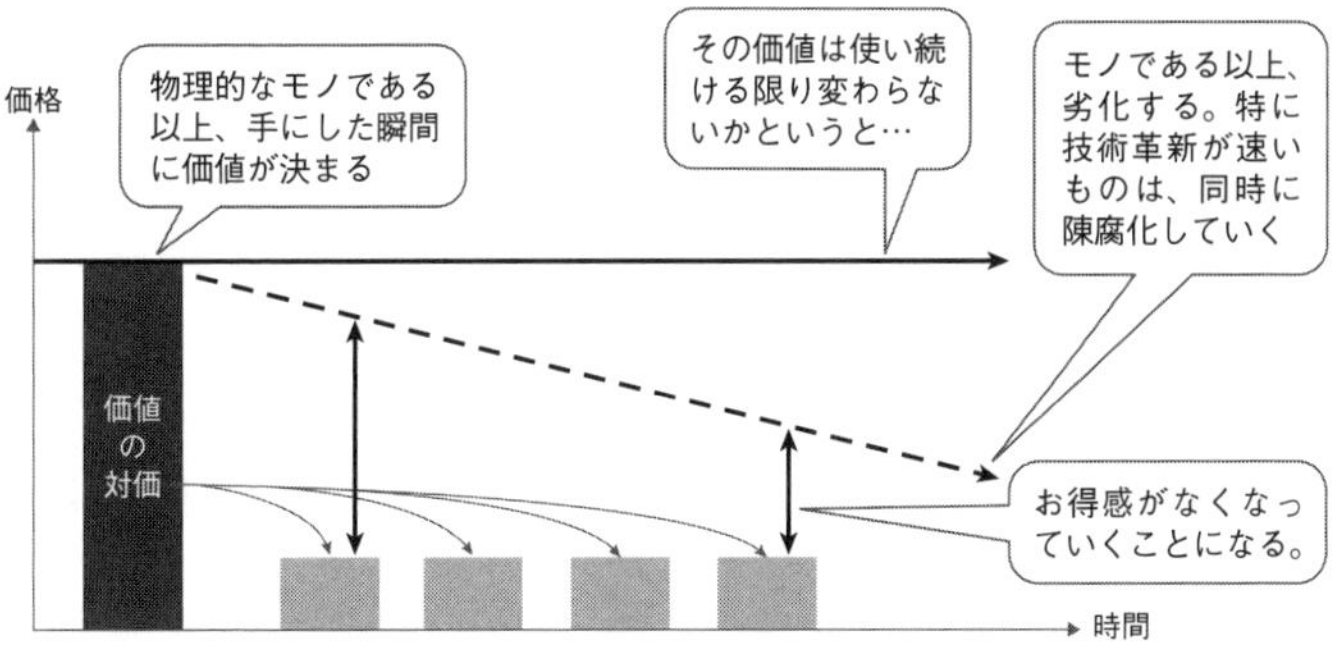

価格
物理的なモノである以上、手にした瞬間に価値が決まる
その価値は使い続ける限り変わらないかというと…
モノである以上、劣化する。特に技術革新が速いものは、同時に陳腐化していく
価値の対価
お得感がなくなっていくことになる。
時間

この点、レンタルＰＣはよくできている仕組みです。

例えば２年契約なら月額５０００円、４年契約なら月額２０００円といった具合に、契約期間が長くなるほど安くなる価格設定になっています。ＰＣの陳腐化を織り込んだうえでの価格設定になっているわけです。利用期間を設定して、その中で柔軟で最適なコストにするという意味では非常によくできたサービスです。

モノを利用するという観点でいうと、レンタルＰＣは優れたサービスです。

ただ、レンタルＰＣがアズ・ア・サービスかといわれると、そうではありません。あくまでもモノ志向です。販売ビジネスの延長にあるものです。

モノのサブスクの難しさ❷

限界コストの大きさ

二つ目は「限界コスト」の大きさです。

モノやサービスを提供するときにかかるコストには、固定費と変動費の二つがあります。

固定費とは、人件費や地代家賃、リース料、減価償却費など、売り上げとは関係なく一定の額が必要な費用のことです。

変動費とは、原材料費や仕入れ原価、製造原価など、売り上げにひも付いて変動する費用のことです。

変動費の増加分を限界コストといいますが、ソフトウエアの世界においては、これが占める割合は小さいのです。

とりわけクラウドサービスでは、顧客が増えても変動費はほとんど変わりません。もちろん顧客が増えればデータセンターなどのインフラの費用がかさむので、変動費の増加がゼロではありません。しかし、極めて小さい。これがクラウドサービスのビジネスモデルです。

売り上げが伸びても、変動費はほとんど増えず、固定費は一定となると、売れば売った分だけほぼ丸ごと利益になるわけです。

一方で、形あるモノの場合、売り上げが伸びるということは、モノが出ていくということ。例えば100台のPCを売るには、100台分の部品を仕入れて、100台を工場で組み立てて、販売店に輸送しなければなりません。

つまり、モノを提供するビジネスは変動費が高いのです。

クラウドサービスには解約のリスクがあるといっても、限界コストが小さいので、解約されてもダメージが小さい。

いかに解約を減らすかは重要ですが、解約されたからといってモノが戻ってきて在庫が増えるわけではありません。

ところがモノが絡んでくると、モノを卸すときにコストがかかり、解約にともなってモノが返ってきたら、在庫を抱えるコストになってしまいます。このため、モノのサブスクリプションは、クラウドサービスほど単純にはいきません。

クラウドサービスでは「フリーミアム」という手法がよく取られています。これは、基本的なサービスを無料で提供して集客しておいて、高度な機能やオプションを使うには別途料金がかかるという仕組みです。例えばテレビ会議システム、Ｚｏｏｍがそうです。基本的な機能は無料で使えますが、もっと充実した機能を利用しようと思えば料金がかかります。

クラウドサービスでフリーミアムが可能なのは、限界コストが小さいからです。ユーザーが1000人増えようが、変動費が大きく増えることはありません。だからできるのです。

モノのサブスクリプションでフリーミアムモデルを採用できるかといえば、極めて厳しいといえます。例えばPCの無料提供によって顧客を集めて、追加サービスは有料にするというモデルができるかといえば、ムリです。なぜなら限界コストが大きいからです。

デジタルは劣化しませんが、モノは劣化する。そして限界コストが大きいこと。この2点によって、モノのサブスクリプションは難しいのです。

モノのサブスクは2種類

ここでモノのサブスクリプションを整理してみましょう。

私はモノのサブスクリプションには大きく分けて2種類あると考えています。

1. 単品リピートオーダー方式サブスクリプション

これは、消耗品が定期的に届くというモデルです。

分かりやすいのがウオーターサーバー。サーバーのレンタル料は無料で、消耗品であるお水代だけがかかるというものです。

一般的にモノのサブスクというと、このスタイルを指します。

2. 耐久消費財のサブスクリプション

耐久消費財とは、耐用年数が比較的長い商品のこと。自動車やテレビ、エアコン、PC、家具などがそれに当たります。

レンタカーやレンタルPCなど、耐久消費財のレンタルは以前から存在していました。このレンタルビジネスをベースに誕生したのが耐久消費財のサブスクリプションです。DaaSもここに含まれます。

レンタルも広義ではサブスクリプション

DaaSとレンタルPCが同じではないことは第2章で述べました。

ただし、レンタルよりもサブスクリプションのほうが優れているかといえば、一概にそうとはいえません。

レンタルにはレンタルの優位性があるからです。

高くて買えないモノを使いたい顧客、あるいは一時的に使いたいモノがある顧客にとって、レンタルは優れたモデルです。

例えば土地や建物は高い。そう簡単には買えません。ですから、賃貸というモデルがあるのです。賃貸なら、学生でも部屋を借りることができます。

クルマや建設現場の重機などもレンタルビジネスが浸透しています。一時的に使うのに必要だけれど、買うとムダかな、というのもレンタルに向いているからです。

欲しいけど、買えない。

欲しいけど、一時的にしか使わない。

こうしたケースでは、顧客にとってレンタルを利用する価値は大きい。

ただ、レンタルには、サブスクリプションのように「顧客との包括的なリレーションシップ」「継続的に課金させて、ライフタイムバリューを最大化させる」という考え方が入ってくる余地が多くありません。あくまでも期間限定、一時的なものです。

そうなると、当然、契約の切れ目が縁の切れ目、縁の切れ目は金の切れ目。契約更新時期にコンペを実施して、少しでも安い契約先を選ぶケースもあります。そこにリカーリング性は生まれにくいのです。

ただ、広義でサブスクリプションといった場合、定額で使い続けるレンタルも含まれるとは思います。

レンタルベースのサブスクリプション

モノのサブスクリプションをレンタルベースで考えるとき、どうしても発生するのは「買う」と「借りる」ではどちらが得かという問題です。

住まいでいえば、賃貸に住むのと、ローンを組んでマイホームを買うのとでは、どちらが得かは永遠のテーマ。常に「買う」か「借りる」かのてんびんにかけられる運命にあるのがレンタルの難しさです。

このため、モノのサブスクリプションの中でも、レンタルをベースにしている企業は少ない。成り立ちにくいからです。

レンタルではないですが、てんびんにかけるという点で近い食べ放題や飲み放題を月額化するといった動きが飲食業界で広がりました。これが飲食業界の「食べ放題系サブスクリプション」です。

これをサブスクリプションと呼ぶかは議論の余地があるとは思いますが、顧客と長期的な関係を結ぶサービスであることを考えると、広い意味ではサブスクリプションに含まれます。

有名なのは、あるラーメンチェーンが始めた月額8600円で1日1杯ラーメンを無料で食べられるというもの。ほかにも、カフェの月額制や居酒屋の飲み放題制など、さまざまなスタイルが登場しました。

ただ、私は外食のサブスクリプションは難しいと考えています。

なぜなら、たくさん食べたら顧客の勝ち、あまり食べなかったらお店の勝ちというように、勝ち負けがあるからです。しかも、勝ち負けのラインを顧客が簡単に算出できます。

象徴的だったのは焼き肉チェーン店の取り組みです。2019年11月、通常3480円のコースを1カ月間利用できるサービスとして月額11000円で発売しました。すると、SNSで「3回で元を取れるほど安すぎる」と話題になり、顧客が殺到したのです。早くも2020年1月に販売終了しました。

食べ放題系では、「元を取れる」と判断した顧客がお金を払います。お金を払ったからには元を取ろうとします。

つまり、顧客は勝つためにサブスクリプションを利用します。企業と顧客が勝ち負けを決するサービスが長続きするとは思えません。

そうした難しさを克服して、レンタルをベースにリカーリング性を生み出している企業があります。

例えば、月額制のファッションレンタルを展開している「airCloset（エアークローゼット）」。同社は「服を替えたい」「おしゃれをしたい」というユーザーの体験を非常に重要視して、服のサブスクリプションを軌道に乗せました。

洋服はコモディティ化してしまっている点で、PCに似ています。洋服は繰り返し使えて、しかもお手ごろ価格の商品があふれています。同じ服をずっと着続けるのなら借りるより買ったほうが得です。

それではどうやってサブスクリプション化したのか。

個別に洋服のコーディネートをしてくれるスタイリストを顧客につけ、ビッグデータを活用するなど、常にユーザーの体験に寄り添って、おしゃれをする体験をアップデートしています。

このプラスアルファの付加価値がサブスクリプションとしてのリカーリング性を生み出しています。ここでは、服というモノ自体の価値はそれほど重要ではありません。

あくまでも「コト」です。

airClosetがやっているのは月額制のレンタルですが、レンタルはあくまでもベースに過ぎません。顧客と提供側のモノのやりとりの形態がレンタルというだけです。同社のサービスはあくまでも顧客の体験に尽くすおしゃれのマッチングサービス。つまりアズ・ア・サービスなのです。

カメラ機材の月額制レンタルを展開する「カメラブ」という会社があります。カメラのレンズは高い。しかも、種類が多い。フォトグラファーはいろいろなレンズを試したい。

というわけで、高価な物を一時的に使うというレンタルの条件が整っています。このレンタルの条件が整うと、モノのサブスクリプションは一気にレンタルだけで成り立ちます。

カメラのサブスクリプションは、毎月お金を払って、モノを交換し続けるというリカーリング性を備えたレンタルベースのサブスクリプションです。しかも趣味的なものなので、成り立ちやすいのです。

「日本サブスクリプションビジネス大賞２０１９」でグランプリを受賞した「トイサ

ブ!」は、子どもの成長に合わせて知育玩具を月額制でレンタルするサービスです。子どもの成長過程において、与えるおもちゃは変わっていきます。使うのが一時的です。

しかも、知育玩具は高価。

一時的と高価というレンタルの要素がそろっているわけです。

このレンタルをベースに、子どもの成長に合わせてマッチングさせるというアズ・ア・サービスの要素を加えています。

この3例は、レンタル・マッチング・体験という要素に強弱がありますが、レンタルベースでモノのサブスクリプションを軌道に乗せた好例です。

モノではなく、いかにコト化するか。レンタルベースのモノのサブスクリプションは、これが成否を分けるといっていいでしょう。

「airCloset（エアークローゼット）」

スタイリストが選ぶ洋服で顧客のライフスタイルを豊かに

顧客のワクワク体験を最大化する

「airCloset（エアークローゼット）」は国内最大級のファッションレンタルプラットフォームです。

これまでファッションのレンタルというと、ウエディングドレスや貸衣装といったものでした。同社は、普段着に特化したレンタルサービスを始めた日本のパイオニアです。代表取締役社長 兼 CEOの天沼聰氏は、「airCloset（エアークローゼット）」を始めた理由を次のように語ります。

「起業する際、レンタルサービスをやろうと思って始めたわけでも、サブスクリプシヨンをやりたいと思って始めたわけでもありません。もともと私たちが実現したいと思ったのは、ライフスタイルを豊かにすること。1日24時間という誰もが共通の時間の中で、1分でも1秒でもワクワクする時間が増えたら、ライフスタイルの豊かさの底上げになるのではないか。そこでライフスタイルの中の時間価値を高めることを目指しました」。

同社は「〝ワクワク〟が空気のように当たり前になる世界へ」というビジョンのもと、「発想とITで人々の日常に新しいワクワクを創造する」というミッションを掲げています。

「実は、私を含めて創業メンバーはファッション好きだったわけではありません。どちらかというとファッションには疎いほうでした。そんな自分たちですら、新しいお洋服に出会ったり、自分の服を友達から褒めてもらったりしたら嬉しくてワクワクします。そうしたファッションの不思議な力をたくさん引き出したいと考えました。「airCloset（エアークローゼット）」の目的はレンタルをすることではなく、感動する洋服との出会い体験をたくさんつくることです」（天沼社長）。

そして同社がビジネスモデルをつくるうえで、重視したのは、ユーザー体験（UX）を最大化することでした。

使えば使うほどスタイリングの精度が向上

顧客としてターゲットにしたのは、働く女性やお母さんたちです。彼女たちが、一番仕事や子育てに追われて洋服選びの時間を取れず、がまんしなければいけないことが多い人たちだと考えました。

「airCloset（エアークローゼット）」の大きな特長は、顧客が洋服を自分で選ぶのではなく、スタイリストが顧客一人ひとりに合った洋服を選ぶこと。クラウドソーシングには300人強のスタイリストが登録しています。その中には海外在住の日本人スタイリストも含まれていると言います。

顧客は自分のサイズや好きなファッションのスタイル、体型の悩み、要望などをオンラインで登録します。

数日後には、スタイリストが選んだ3着の洋服が自宅に届きます。気に入ればそのまま購入できますが、返却すれば別の3着が届きます。

同社が顧客に依頼しているのは、感想を聞かせてもらうこと。それによって、使えば使うほど顧客に合ったスタイリングが提供できるようになるのです。

「私たちのお客様は、お洋服のコーディネートや着こなしに迷ったことがある方が8割以上。『とにかくマンネリ化しちゃってる』『自分にかける時間が減っている』という声が多いですね。私たちのサービスを使ってくださるお客様は、レンタルで安く使いたいというよりも、自分では選ばなかったようなお洋服との出会いや、新しいお洋服との出会いを楽しんで頂いている方が多くいらっしゃいます」（天沼社長）。

「『新鮮だけど、似合うね』ってオフィスで褒められる」。

「新しい服が届くと、もっとお出かけしたくなる」。

「とにかく楽しみで、毎回どんな服が届くか、娘とワクワクしている」。

同社には、そんな声が届いているそうです。

忙しい女性向けのサービスであることから、返却期限をなくしたり、クリーニングせずの返却をOKにしたりしています。

「サブスクリプションとは何か。私は、一定期間何かを実行する権利をお客様が購入することと定義しています。スタイリングやクリーニングといったサービスが入っていて、それらを権利として使っていただけていることがサブスクリプションである重要な要素です」（天沼社長）。

社員の3分の1近くがエンジニア

2020年現在で、会員数は、無料会員も含めて30万人を突破。デイリーで数千着単位の洋服が顧客と同社の間を行き来しています。

そうなると、洋服を管理して、クリーニングやメンテナンスをするというオペレーションが大事になります。それをどう実行しているのでしょうか。

1つは個品管理。

従来の小売業の倉庫管理では、あるジャケットが100着あるとしたら、IDを1つ振って、数量100個と管理していました。それで同じ場所にドンと置いておく。それで5点売れたら、数量をマイナス5にするという管理です。

これに対して、同社は100点全部を一つひとつ管理しています。誰にいつからいつまでレンタルしたという情報をすべて個品で管理しているのです。この倉庫管理の業務フローはかなり難易度が高い。従来の小売業の概念で実現できるものではありません。

加えて、メンテナンスも小売りの倉庫とは異なる点です。小売りなら売って終わり。ところがレンタルだと洋服が返ってきてからの検品やクリーニングが肝心。クリーニングは通常は外部に委託するものですが、同社は洗い方も洗剤も提携している企業と独自開発をしているほどのこだわりぶりです。

もう一つはITの活用。

天沼社長は元々ITコンサルタントだったこともあって、データやAIの活用にこだわっています。

顧客とのやり取りはアプリ・WEBのシステムを使っていますが、35万着以上の洋服から3着を選ぶのもITを活用しています。倉庫との間にもシステムで連携して、どのアイテムが今どういう状態にあるのかを全点管理しています。

例えば、今日返ってきた洋服があるとしたら、それが次に利用されるのはいつかをＡＩが予想します。すぐ貸し出されるものなら、倉庫の手前に置き、貸し出しが当分先なら奥にしまっておくことで作業スタッフの導線を短くできるというわけです。

顧客の体験結果をデータとして集めて、データサイエンスチームが顧客により合った提案ができるようなアルゴリズムを検討しているそうです。

また、実証実験ベースですが、アパレルのブランドにデータを開示して、よりよいものづくりに活用してもらっています。

同社の社員の3分の1近くがエンジニア。すべてのシステムを内製化しています。

ファッションを超えてさまざまな出会いの提供へ

天沼社長はサブスクリプションでは、社内の組織づくりが成否を左右すると指摘します。

「いわゆるモノづくりでは、製造部門が作って販売部門が売れば、その後の商品の価値は一定です。一方で、サブスクリプションの場合、作った後が一定ではいけません。

改善し続けていくという性質のものです。それを組織体として理解することが大切です。最終的にどういう価値を実現するチームなのかをみんなが分かっていて、自分たちが変わっていける状態を常につくることがすごく大事だと思っています。メンバーが常に『どういうサービスであり続けるのか?』をディスカッションしながら、お客さまに対して感動するお洋服との出会い体験を届ける組織でありたいと考えています」。

あるとき、返却された洋服に手紙が添えられていたそうです。封筒を開けると、便箋が2枚。それは、アパレル業界で働いていたものの、あまりに忙しくて病気になって退職し、家に引きこもっていた方からの手紙でした。そこには、次のように記されていたそうです。

「airCloset（エアークローゼット）」に出会って、少しずつ洋服を着て友達に見せたいな、外出したいなという気持ちが芽生えてきました。今でも闘病中ですが、アパレル業界に復帰して元気に働いています。「airCloset（エアークローゼット）」をつくってくださってありがとうございます」。

天沼社長は、この手紙が忘れられないと言います。
「私たちが伝えたいと思っている、ファッションのワクワク感には、人の気持ちだけでなく行動まで変える不思議な力があると思います。このお手紙をいただいたとき、私たちが届けている価値に間違いはないと確信したのです」。

今後は、レディースにとどまらず、メンズ、シニア、キッズ、マタニティといった他の領域への拡大や海外展開を考えているそうです。同社のサービスはさらに洋服以外のアイテムへも広がっています。

Curation + Serendipity

これは、天沼社長が創業前にカフェで仲間と話しているときにメモに書いた言葉だそうです。

「地球上では1日に2800万くらいのニュースコンテンツが生まれているそうです。1日でですよ。その中のどの情報が自分の人生にとって大切かを取捨選択するのは不可能です。モノにも同じことが言えると思います。モノや情報が増え続けている中で、機会損失が広がっています。こうした現状を踏まえて、私たちは新しい出会いを提供していきたいと考えています」（天沼社長）。

from 松尾

顧客の体験向上が最も重要

天沼社長は「ワクワク感」と表現されていますが、顧客に飽きさせないように体験をアップデートさせることがモノのサブスクリプションでいかに大切か。「airCloset（エアークローゼット）」の成功事例が物語っていると思います。

洋服とPCが共通している点は、価格がそんなに高くないこと。高価なモノ、一時的に使うモノはレンタルに向いていますが、高くないモノのレンタルは成立しにくい面があります。顧客は、買った場合と借りた場合ではどちらが得かを計算して、安いほうを選択するからです。モノは劣化するので、月額で払い続けていたらだんだんお得感がなくなっていきます。

それでも、「airCloset（エアークローゼット）」がレンタルベースのモノのサブスクリプションを成功させているのは、スタイリストによる服選びなどによって顧客の体験をアップデートさせて、モノの価値を高めているからです。価値が上がっていくからこそ、最初に対価を計算できないからこそ、月額でお金を払うというサブスクリプションが成立するわけです。

「airCloset（エアークローゼット）」の場合、スタイリストさんが提案した服を気に入ってもらえれば、飽きるまでは着てもらえます。一定期間は使ってもらえるため、商品を次々と入れ替えないでいい側面があるのも、ビジネスとしての優位性の一つのポイントではないでしょうか。

さらに、顧客に試してもらって気に入ったら購入してもらうというサービスもあります。私たちは、このやり方をＩＴ業界での専門用語で「トライ・アンド・バイ」、略して「トラバイ」と呼びます。「airCloset（エアークローゼット）」はまさにトラバイを実践しているわけです。

このコロナ禍によって、借りた洋服をそのまま購入する方が増えたそうです。まさにアフターコロナのライフスタイルにもマッチしたサービスだと思います。

「カメラブ」

高価なモノをいろいろ試せるカメラ機材の「月額入れ替え放題」

ハイアマチュアがメインターゲット

カメラブ株式会社は、カメラ機材特化型のサブスクリプションサービス「GooPass（グーパス）」を展開しています。

取り扱い機材は、一眼レフ・ミラーレスカメラはもちろんのこと、レンズやアクションカメラ、ドローンまで多種多様。最近ではユーチューブなどに映像をアップするクリエイターが増えていることから、動画撮影の手振れを補正するジンバルといった製品も揃えています。その数は1000種類以上にものぼります。

利用者は、毎月支払う金額（月額5800円～79800円・税別）に応じて、レベル1〜9までのパスと呼ばれるランクを選べ、自分が選んだレベルによって借りられる機材の範囲が異なります。

パスの料金は機材の販売価格の5〜10%程度に設定しています。これは、レベル1のパスなら、6万〜12万円くらいの機材を借りられるということ。カメラ機材は市場価格が変動することから、パスの内容を柔軟に変えて対応しているそうです。ちなみに、レベル9のパスなら160万円という高額のレンズを借りることもできます。

「お客様のコアゾーンは、レベル2パスの9800円。月約1万円という金額が払いやすいようです。レベル2のパスでは、1000種類中およそ700種類超の商品を借りことができます」と語るのは代表の高坂勲さん。


顧客が機材を入れ替えるのは、追加料金不要、そして何度でも自由です。つまり入れ替え放題というわけです。それは、カメラブの行っているサービスが単なるレンタルというよりも、カメラ機材の体験価値に重きを置いているからです。ただ、梱包手数料という名目で送料相当の負担はかかります。

「これまでで、最高で月7回入れ替えた方がいました。配送の時間がかかるので、物理的にそれぐらいが限界です」（高坂代表）。

メインの顧客ターゲットは、プロよりも、ハイアマチュアだそうです。

「プロのフォトグラファーのことはメーカーがフォローしています。プロ向けのカメラ機材レンタルサービスもあります。このため、当社はプロをメインターゲットには今はしていません。当社がメインの顧客ターゲットにしているのは、週末に結婚式の撮影にフォローで入るような副業カメラマンの方、モデルさんを起用して作品撮りするような方、趣味で鉄道・飛行機・野鳥などの撮影をする方など、いわゆるハイアマチュアと呼ばれる人たちです」（高坂代表）。


現在、登録ユーザーは約3万人。このうち7割が男性だそうで、この割合は、販売店でのカメラの購入層とほぼ同じです。

ただ、ユーザーの年齢が購入層より若いそうです。カメラは50～60代の方が所有目的で買うケースが多いですが、グーパスのユーザーは20代～40代も多いとのことです。

お金を貯めなくてもいろいろな機材が試せる

グーパスの活用方法は、ユーザーによっていくつかのパターンがあるそうです。多いのは、自分で所有することをやめて、サブスクリプションという手段で代替するという使われ方。分割払いの代わりにレンタルを使うという考えで、同じ機種を長期間にわたって借りる顧客もいるそうです。

カメラのボディとレンズのセットを購入する前に、いろいろな組み合わせを試したいというお試しで借りるパターンもあります。

「撮影機材は高価ですが、購入して後悔することもあります。『お店で持った感じが良かったので買ってみたら、現場ではいまいち機能しなかった』『1日持っていたら重かった』『コロナ禍の中、お店に買いに行けなかった』といった方々の購入体験の手助けにもなっています。販売店の店頭では、キヤノンとニコンをセットにするような売り方は基本的にしません。カニバってしまうからです。当社なら、メーカーを横断して借りられます。いろんなメーカーを組み合わせて試せる点は、グーパスならではの魅力の一つだと思います」（高坂代表）。

一眼レフカメラは、ボディとレンズの接合部分であるマウントと呼ばれる部分がメーカーによって異なります。たとえばキャノンのボディにニコンのレンズをそのままでは付けられません。ニコンのボディを買ったら、ニコンマウントのレンズを買い揃えざるをえないのです。

「カメラの場合、メーカーをスイッチするコストが非常に高いのですが、グーパスによってスイッチングコストがなくなったという声も聞かれます。気になる他メーカーの新機種を気兼ねなく試せるのもこのサービスが受け入れられている理由の一つだと思います」（高坂代表）。

グーパスで1000種類ものカメラとその周辺の製品を取り扱っていることからも分かるように、カメラ機材の種類はとても多い。

「仕事で撮影をするとき、屋外の現場ではこの機材を使えるけど、次の屋内の現場では使えないな、というケースが少なくありません。そうなると、『仕事の幅＝機材の幅』のようなところがあるんですね。しかし、使う可能性がある機材をすべて所有するのは難しい。自分が揃えるべきラインナップの選定から解放されるのも、我々のサービスの一つの価値だと考えています」（高坂代表）。

もう1点、カメラユーザーは製品のライフサイクルという問題を抱えます。新機種が出ると、それを買うために手持ちの旧機種を中古として売却するユーザーが少なくありません。

しかし、所有すると中古としての価値が目減りしていくので、所有のリスクが発生します。ところが、グーパスを利用すれば、機材の価値の目減りを気にすることからも解放されます。

「これはPCも同じかもしれませんが、カメラは故障することもあれば、メンテナンスも必要です。グーパスによって、こうしたことからも解放されます。また、カメラ貯金から解放されるという面もあります。カメラは高価なので、購入するために1年間貯金するという話をよく聞きます。お金を貯めてから買うというのでは、貯金している期間はカメラを使えません。しかし、グーパスなら、お金が貯まる前から機材にアクセスする権利を手に入れて、すぐに体験することができるのです」（高坂代表）。

ブランドバッグや高級腕時計のサブスクとの共通点

高坂代表がグーパスを立ち上げたのは、フォトグラファーとしての視点からでした。というのも、高坂代表自身がフォトグラファーだからです。

「プロのフォトグラファーやハイアマチュアはレンタルを併用している人が多い。しかし、その都度、レンタルの店舗に行って借りて、終わったら返すというのが手間でした。かつ、返却期限を気にしなくてはいけません。仕事で疲れて帰ってきたのに梱包して返却というところに、すごく負担を感じていました。返却期限の翌日に返しに行ったら、延長料金を取られるわけです。この返却期限から解放されたい、いろいろな機材を選びまくりたい、もっと言うと、店頭にあるショーケースの機材が全部自分のものにならないだろうか、という感覚的な発想からグーパスを思いつきました。ブランドバッグ使い放題の『ラクサス』と高級腕時計サブスクリプションの『KARITOKE（カリトケ）』を見て、この2つがうまくいくのであれば、カメラでも再現性があるだろうと考えました。高級・ラインナップが豊富・2次流通市場が成り立っている、という共通点があるからです」（高坂代表）。

カメラブの設立は2017年4月10日、フォトの日。そして2018年の11月にサービスを開始しました。

高坂代表はかつてIT業界にいました。このため、Webサービスとモノの違いを実感しているそうです。

「Webサービスと違って、モノは故障します。リアルなオペレーションで整えるべき課題が多いと痛感しました。また、カメラ機材の種類が多いということは、それだけ商品知識が必要だということ。もちろん担当分けしていますが、スタッフは機材の知識を身につけるのが大変ですね」（高坂代表）。

カメラ機材は高価で換金性が高い。このため与信管理も欠かせません。クレジットカードの与信や個人信用スコアを利用して審査しているそうです。

リース会社と提携して、在庫を持たないモデルを実現

ユーザーが増えれば増えるほど、仕入れの負担がかさみます。モノのサブスクリプションのスタートアップ企業にとって、在庫の拡充はボトルネックです。

しかし実は、カメラブは在庫を持っていません。

２０１９年５年にリース会社と事業提携して、リース会社が在庫の拡充を担う一方、カメラブは事業プラットフォーム機能に専念するという仕組みをつくりました。

「ユーザーが借りたいときに商品の在庫がないということに当初は苦しみました。モノを仕入れるために、メーカーと直接交渉もしますが、商社も挟みます。仕入れのセッティングをして、在庫化して、倉庫に入れてというところまでが煩雑です。２０２０年のコロナショックの間にユーザーさんの動きが少し止まったので、仕入れを優先しました。それで課題がかなり解消できました」(高坂代表)。

最近、ニーズが急上昇しているのが動画撮影用の機材だそうです。

「ユーチューブはもちろん、ライトなところではＶｌｏｇ（ブイログ）というビデオログが流行っています。日常をそのまま映像作品に残すような記録スタイルが人気なんです。あるいはシネマティック動画といって、映画のような世界観で旅を記録したり、商品を紹介したりといった動画作りも最近のトレンドの一つです」（高坂代表）。

撮影というと、最近は専用機材を使わずにスマートフォンで済ませる人が増えました。しかし、スマートフォンでは飽き足りず、もっといい作品を撮ろうと、デジタル一眼やミラーレスを使う層が増えているそうです。グーパスではまだ扱っていませんが、フィルムカメラの問い合わせもあるとのことです。

今後は、カメラ機材の体験にさらに踏み込んだサービスの展開を構想していると高坂代表は話します。

「グーパスによってカメラ機材を手にするハードルは下がったと思います。しかし、撮影技術を上達させるというハードルは下がっていません。そこで、撮影教室なども実現していきたいと思っています。撮影旅行のツアーも企画していきたいと考えています」（高坂代表）。

from 松尾

レンタルの成り立ちやすさをベースにしたサブスクリプション

洋服やPCはすでにコモディティ化しています。しかも長く使います。会社のPCなんて3〜4年使うわけです。そうすると、「借りるより、買ったほうが安いよね」という話になりかねません。

これに対して、カメラ機材はレンタルに最適な商品です。まず、それなりに高い。それをずっと使い続けるかというと、いろいろ試してみたい。新機種も登場します。さらに、個人の趣味的という要素も加わります。カメラ機材はレンタルが成り立ちやすい商材なのです。

カメラブは、カメラ機材のレンタルの成り立ちやすさをベースに「いろいろな機材の組み合わせを試せる」「撮影シーンに合った機材を選べる」「面倒な返却から解放される」といった実に多種多様な体験価値を提供しています。

この形は、モノのサブスクとして、理想形に近いのではないかと思います。

「トイサブ!」一人ひとりの成長に合わせた知育玩具を選んで届ける

自分の子どもに与えるおもちゃ探しが原点

株式会社トラーナが展開しているのは、知育玩具のサブスクリプション「トイサブ!」です。トイサブ!は、一般社団法人日本サブスクリプションビジネス振興会の「日本サブスクリプションビジネス大賞２０１９」で最高位のグランプリを受賞しました。

トイサブ!は、子どもの成長に合わせた知育玩具・おもちゃを2カ月に1回届ける定額制レンタルサービス。１回に家庭に届く知育玩具は6点で、料金は月額３３４０円（税別）です。

志田典道代表がトイサブ！を始めたのは2015年のことでした。その理由を次のように語ります。

「2人目の子どもが産まれたとき、おもちゃを買いに量販店に足を運びました。すると、売場にあるのはキャラクターものばかり。自分が買いたくなるようなおもちゃがあまりありませんでした。もっと違うのがないか探してみると知育玩具がありましたが、フロアの奥のほうの棚にひっそりと置いてあるだけ。その棚の知育玩具に私は興味を持ちましたが、買ったところで子どもがそれを使って遊ぶかどうか分かりません。値段もけっこう高い。一つ3000〜4000円は当たり前のような感じで、買うのに躊躇しました。当時、ユーザーのためにセレクトした商品が入ったボックスが毎月届く『サブスクリプションボックス』がアメリカで流行っていました。その子ども向けのおもちゃ版を始めたら、自分のような層に受けるのではないかと思ったのがきっかけです」（志田代表）。

そして志田代表はたった一人、自宅で起業しました。自分でおもちゃを梱包して顧客に発送していたそうです。ユーザーが増えるにつれて一人では回らなくなり、社員やパートを雇って組織を拡大させてきました。

2020年9月時点で、ユーザーは5700人ほど。前年同期が2000人くらいだったので、1年で3倍近くも増えました。

0歳から3歳までを対象にしたサービスですが、継続している4歳のユーザーが9%くらいいるそうです。そこで、今は、対象年齢を6歳まで拡張しています。

「とくに小さいお子さんは成長のスピードが速く、関心の移り変わりも早い。最近は共働きが増えていて、お金はあるけれど、子どもに何かしてあげられる時間が少ないという悩みを抱えている親御さんが多い。何かしてあげようと思ったとき、子どもの成長に合ったおもちゃが使えるのであれば試してみたい、というお客様が多いですね」（志田代表）。

トイサブ！は離脱率が低い。このところ（2020年8月現在）月3〜4%で推移しているそうで、このことが、顧客の満足度の高さを物語っています。

ユーザーがトイサブ！を続けている理由は大きく二つあるそうです。一つは「自分の子どもにぴったりなおもちゃが届く」。もう一つは「家の中の物が増えないから嬉しい」。

それではなぜ、子ども一人ひとりに最適なおもちゃが届くのでしょうか。

データに基づき、おもちゃを選定

子どもの月齢に合わせたおもちゃを選ぶのは、ユーザー側ではなく同社のスタッフ。ユーザーにおもちゃを評価してもらって、次の選定に活かすそうです。

「評価データが貯まっていくと、『何歳何カ月のお子さんには好評で、何歳何カ月のお子さんには不評』ということが分かってくるようになります。それを踏まえて、次の月齢にはこのおもちゃを送ればいいということが分かってきます」(志田代表)。

子どもがおもちゃで遊んだ評価データを持っているのが同社の大きな強みの一つ。同じような情報を把握している企業はほかにほとんどないそうです。

「アマゾンや楽天市場といったネット通販サイトには、おもちゃ購入者の評価レビューがあります。しかし、あれは開封直後に遊んだときの評価が大半。箱を開けたときは、ユーザーのテンションが一番高いときです。1カ月、2カ月使ってからレビューする人はまずいません。当社の場合、2カ月間使ったユーザーの声がフィードバックされてくるわけです。これをベースに選定しているのが当社独自のポイントです」(志田代表)。

しかも、同社は一人ひとりに合わせておもちゃを選定しています。一人ひとりの過去の履歴を見て、たとえば「こんなおもちゃを買いました」という記述があれば、同じようなおもちゃをラインナップから外すそうです。

「ただ、ユーザーは、言いたいことをはっきりと書かないことが多い。察してほしいのでしょう。『これができるようになりました』という文章の裏側に隠されているのは、それに適合した商品を送ってほしいという想い。当社のスタッフは『ああ、なるほど。これはこういうことを言いたいんだよね』と行間から意図を拾い上げる作業をしています。それでもうまくいかないようであれば、そのユーザーに対して複数のスタッフでレビューをかけることもあります」(志田代表)。

ユーザーが急増するにつれて、個別対応でのおもちゃの選定作業の負担が大きくなってきているそうです。とはいえ、同社はAIを活用していません。というのも、AIは過学習してしまうことがあるからです。

「こういう評価が高かったらAとBの組み合わせがいいはず、というのは相関分析で出せます。ところがAIが過学習してしまう結果、『これって絶対に選ばなくない?』という組み合わせが上がってきてしまうのです。そこは人間のほうがまだ優秀です。私は、社会全体がAIに期待しすぎていると思っています。AIを使うなら過学習しないようにチューニングしていかないといけませんが、まだそこまで手を出せていません」(志田代表)。

一方、扱っているおもちゃのカテゴリとレベルは簡単に設定できるそうです。たとえば「ブロック」というカテゴリの「レベル3」といった具合。ただ、ブロックといっても、積むだけのブロックもあれば、カタチを作れるブロックもあります。同社のスタッフは「これができているということは、次はあれができるよね」と頭の中でイメージして判断できますが、それを言語化して機械学習に組み込んでいくのはまだまだ難易度が高いそうです。

今後は、数千人規模の乳幼児の成長のデータを生かすべく、産学連携を視野に入れているそうです。

ユーザーが増えるほど赤字も増えるのが悩み

仕入れるおもちゃ選びの基準は大きく3つ。親子で一緒に楽しめるか、耐久性があるか、安全・衛生面で問題はないか。現在、おもちゃは1600種類、在庫数は約5万点に上ります。

「仕入れた商品に対するお客様からの評価が返ってきたとき、それが狙った月齢で高評価かどうかを見ます。その後、対象月齢をコントロールして、もう1回試してみます。それで評価が良ければ1軍入りのような感じ。評価が低ければ、残念ながらそのおもちゃは仕入れません」(志田代表)。

トイサブ！のビジネスモデル上、ユーザーが増えると貸し出すおもちゃも増えて、仕入れ量を増やさざるをえません。事業の成長率が高いと、売り上げよりもおもちゃの仕入れの負担が圧倒的に先行して、赤字になってしまうというのです。

「トイサブ！は、材料を仕入れて何かを作り、販売するというモデルとは違い、資産で回しているビジネスです。PL（損益計算書）ではなく、BS（貸借対照表）でビジネスを行っているので、長期的な視点が必要です。赤字の解決策の選択肢はいくつかあります。仕入れ単価を下げるか、付加価値を上げてユーザー単価を上げるか。一番コントロールしやすいのは、成長率を落とすことです」（志田代表）。

元々エンジニアだった志田代表は創業当初、会計に詳しかったわけではありません。ユーザー数が増えて注目されるようになると、「いつ黒転するんですか？」と聞かれるようになりましたが、なかなかそうはなりません。それで志田さんは「何かがおかしい……」と気づいたそうです。

あるとき、銀行の担当者と次のようなやり取りがありました。

「志田さん、財務三表の中でこのおもちゃはどこに入ってるんですか？」。

「PLです」。

「じゃあ、それ1回使ったらなくなりますか？」。

「なくならないです」。

「それは資産ですよ、志田さん」。

それまで仕入れたおもちゃをPLの費用で処理していました。このため費用が膨らみ、赤字が膨らんでいたのです。これをきっかけにおもちゃをBSの資産に計上するようになったそうです。

「サブスクはもうかる」は危険!?

同社はすでにプライベートブランドのおもちゃの企画・開発に着手しています。ユーザーからの評価データを活かして開発できるのは、同社の大きな強みです。その先では、オリジナルのキャラクターによってIP(知的財産)を乗せていくのが次の戦略です。

「プライベートブランドのおもちゃの製造は国内工場に委託していますが、生産量が増えたときには海外生産を考えなければなりません。そのタイミングで、現地で生産して、現地で提供していくという海外展開をしたいと構想しています」(志田代表)。

現在の拠点は、都内の中野区内と杉並区内に2か所。自転車で10分ほどの距離です。これらの拠点で、返却されたおもちゃを清掃して、修理し、保管しています。電子基板の修理では、はんだ付けなども行っているそうです。

「経済合理性を考えたら、山梨や群馬に200坪の敷地を借りて作業したほうがいいのですが、修理が職人仕事のようになっていて人にひも付いているので、遠方に拠点を動かせません」（志田代表）。

志田代表の名刺には「幸せな親子時間を増やそうぜ」というフレーズが記されています。そこに込められているのは、おもちゃと子どもを取り巻く未来の環境を変革しようとする志田代表の熱い想いです。

「最近、『サブスクは儲かる』という言説がありますが、これは危険だと思います。アドビがサブスクにして成功したからうちも、というのは安易すぎます。モノのサブスクは比較的模倣しやすいんですね。取りあえず商品を仕入れて、なんとなくパッケージングして貸し出せばできてしまいます。しかし、サブスクはユーザー価値があってなんぼ。洋服のサブスクでも、二番煎じ、三番煎じの会社が出てきましたが、今、思い浮かぶのはやはり女性向けならエアークローゼット。『第一人者でやるぞ！』という根性がないと続かないと思います。合理性を考えると、一番優れているのは、貴金属のような小さくて高価なモノのレンタルです。私たちはかさばるモノを送って月額3340円。これはビジネスモデルとしてどうなんだろうとは思います。大手企業ならもうかるか、もうからないかでドライに割り切ると思いますが、私は創業社長のこだわりがあるから続けられるのです」（志田代表）。

from
松尾

モノのサブスクリプションの一つの完成形

トイサブ！がビジネスモデルを評価されて「サブスクリプション大賞」を受賞したのは、難しいモノのサブスクにおいて、顧客に合うものを選ぶというエアークローゼットの要素と、高価なモノをいろいろ試せるというカメラブの要素の両方が入っているからではないかと思います。

一時期しか使わないというレンタルのベース。これがしっかりしているうえに、子どものおもちゃは一定期間使わないと成果が出ないとともに、成長につれて新しいモノを必要とします。この繰り返しが継続性を生んでいるわけです。

モノのサブスクの難しさをクリアするこうした要素が揃っているトイサブ！は、モノのサブスクリプションの一つ完成形ではないかと思います。

ユーザーからの主な評価に「家にモノを置かなくていい」というのがあるとのことですが、私も子どもが3人いるのでよくわかります。上の子の服や靴、おもちゃをとっておくと、モノがあふれていきます。これをどうにかしたいという親御さんのニーズに共感しました。

志田代表は安易なサブスクリプション化に警鐘を鳴らしていますが、横河レンタ・リースにも「この商品をサブスク化できないか?」というお問い合わせをよく受けます。まとめてセットにしたり、月額化したりすることがアズ・ア・サービスだというわけではありません。

志田代表の言う通り、ユーザー価値をいかに高めるかが問われるのです。

第 4 章

Windows as a Service の本質

～OSの新しい概念～

ＷａａＳ（Windows as a Service）とは何か

マイクロソフトはWindows 10へのバージョンアップに伴って、ＷａａＳに移行したことはすでに1章で触れました。

それまでのマイクロソフトのＯＳは、いわば「製品としてのWindows」でした。Windows 95やＸＰ、7といったパッケージを次から次へと販売していたのです。

ところがWindows 10からは「サービスとしてのWindows」という概念へと大転換しました。クラウドを介して常に最新になるようにアップデートされるようになったのです。従来であれば、流通を通してパッケージソフトウエアとして箱に入れて、新しいバージョンをユーザーに届けていました。それには多大な労力と時間がかかります。どうしても、ある程度まとめてアップデートを届ける必要があり、常に最新というわけにはいきませんでした。インターネットの発展により、ユーザーに直接、アップデートを届けられるようになり、ＷａａＳが実現したのです。

そうは言っても、Windows7や8・1時代も、自動でアップデートされていた記憶があるかもしれません。あれはセキュリティーパッチとよばれる不具合に対し、解決するための更新が大半。機能が追加されていたわけではありません。

Windows10では、自動的にどんどん新機能が追加されています。

スマートフォンを思い浮かべてください。何もしなくても毎日アップデートされているはずです。Windows10も、iOSやAndroidと同じように短期間でアップデートされるようになったのです。

Windowsでは、これまで、95から98やXP、7へとバージョンアップしてきました。しかし、マイクロソフトは今のところ、これからはWindows10のままだと言っています。Windows10を進化させ続けるというのです。これが最後のメジャーバージョンアップといわれているのです。

マイクロソフトは元々、パッケージとしてのWindowsにこだわっている会社のように見えました。

ところが、クラウドファースト、モバイルファーストの名のもと、WaaSへと大転換したのです。

利用企業にとってＷａａＳは厄介です。どんどんアップデートされてしまうと、カスタマイズを行った自社のアプリケーションをいちいち動作確認しなければならないからです。

マイクロソフトは、ＷａａＳへ転換して半年に1回の大幅なアップデートをサイクル化していきますが、企業がそれにまだ追いついてこられないと分かっています。

それでもＷａａＳへと転換したのはなぜか。スマートフォンの台頭に対する強い危機感があるからではないでしょうか。ここにマイクロソフトの強い意志を感じます。自分たちのミッションである「地球上のすべての個人とすべての組織が、より多くのことを達成できるようにする」を実現するためには、常に進化を続ける必要があり、Windowsもアズ・ア・サービスとして常に進化させる必要がある。スマートフォンが進化していくように、Windowsもアズ・ア・サービスとして進化させようとしているのです。

Windowsの歴史はセキュリティーとの戦い

なぜ進化が必要なのか。それは、Windowsの歴史と深く関係しています。Windowsの歴史は、セキュリティーとの戦いでした。

一般家庭にPCが普及する起爆剤になったWindows95以前では、まだそれほどセキュリティーが問題になることはありませんでした。誰もがインターネットに接続していたわけではないからです。限られた人たちだけがインターネットを利用していました。

Windows95のリリース以降、一般の人たちがインターネットに気軽にアクセスできるようになっていきます。アクティブエックスという言葉を聞いたことはないでしょうか。アクティブエックスは、特定の製品や技術を指すものではありません。そのベースのコンセプトは、自分のPCとインターネットの垣根をなくす、というものでした。

ファイルエクスプローラーというものがあります。これは自分のPCの中やローカルネットワーク内のファイルやフォルダを探索するもの（エクスプローラー）です。

インターネットエクスプローラーというブラウザーもありました。（まだ現役の企業もあると思いますが）ブラウザーは、インターネットを探索するものです。

エクスプローラーをシリーズ化して、PCとインターネットの垣根のない世界をつくろうとしたことが垣間見えます。

アクティブエックスがそれを後押ししてきましたが、ここで足かせになったのがセキュリティー問題です。

インターネットは元々、1960年代にアメリカが軍事目的で開発したパケット制のネットワーク、アーパネットが起源だとされています。その後、主に学術目的で発展してきました。商業利用は意図されていなかったのです。このため、ネットワークの中に悪い人がいるとは想定されていませんでした。

1990年にインターネットの商業利用が解禁されて、誰もが使えるようになった反面、悪意のあるユーザーが入ってくるようになったのです。

マイクロソフトがその対抗策として、セキュリティーを強化したのがWindows 7でした。

それでも、インターネットの外と内の垣根をつくらないというWindows XP時代のコンセプトが抜けきらず、Officeやインターネットエクスプローラーには常にセキュリティーホールが付きまとったのです。元々の設計思想が「つながる」ことを重視していて、隔てることに重きを置いていなかったからです。

悪意のあるユーザーの登場で、つながることから隔てることに転換せざるをえませんでしたが、隔ててもどうしても隙間ができたり、穴が開いたりして、パッチワークの連続というのがWindows 7の時代です。UAC（User Account Control：ユーザーアクセス制御）など、せっかくセキュリティーを向上させようとしても、アプリケーションの作りがそれについていかず、悪戦苦闘したこともありました。

そして、Windows 10では、思想が大転換しました。

インターネットに常時接続しながら、かつ、コンポーネントを独立させて、お互いをまったく信頼せず、それでも認証・認可が取れれば連携するという考え方が生まれたのです。これは、Apple の iPhone や Google の Android など、スマートフォンの方式です。

信頼ゼロをベースとして、認証・認可によって連携するという概念が入ってきて、はじめて危険なインターネットの中でさまざまなものが安全につながるようになりました。

つまりこれまでの経緯をまとめると、インターネットの垣根をなくすことによって便利にしようとしたら、セキュリティーの問題でとんでもないことが起こることもある。だからこそ垣根をつくるしかない。それだと後追いのセキュリティーになってしまうため、独立したコンポーネントがそれぞれ認証・認可を取って、信用したものとだけつながっていくことにした、という流れです。

モノリシック（一枚岩）な状態から、モジュール化された世界へと変わってきたのです。

ＯＳを変更せずにアプリをインストールする「アプリ仮想化技術」の登場

Windows のアプリケーションは容量が大きい。それをインターネットから配信するというのは、かつては信じがたいことでした。

マイクロソフトは、この課題を解決して今のＷａａＳにつながるような動きを10年以上前からスタートさせていました。

まず２００６年には、アプリケーション仮想化の技術を開発したソフトリシティ社を買収しました。

仮想化といえば、サーバーを思い浮かべる方が多いでしょう。ここでは、物理的にサーバーを増やすのではなくて、サーバーの中に仮想的にサーバー（インスタンス）をいくつも立てて、物理的な管理負担を下げる技術です。これはリソースを効率的に使うためのものです。

この仮想マシンの上にＯＳが乗って、アプリケーションが乗るという構造です。サーバーの仮想化がハードウエアを仮想化するものであり、アプリケーションの仮想化はソフトウエアを仮想化するものです。

アドビの各種ソフトにしろ、マイクロソフトのOfficeにしろ、従来のWindowsのアプリケーションは複雑なインストールプロセスを踏んでいました。ハードディスクにインストールする方式で、OSのレジストリや環境変数を変更するなど、コンピューターのいろいろな場所をいじるのです。アプリケーションが動作するために、OSを変更する必要がありました。

そうすると、アプリケーションAとアプリケーションBが同じレジストリや環境変数をいじってしまい、コンフリクト（衝突）を起こしてうまく動作しないことがあります。当初からアプリケーションは同居（同じコンピューターに異なるソフトウエアをインストールする）させるのが難しかったのです。そのため、必ず検証というプロセスを経る必要がありました。

アプリケーションをアンインストールするとき、Windows 10なら「Windowsの設定」の「アプリと機能」でアプリケーションを指定してアンインストールするでしょう。アンインストーラーが立ち上がって、アプリケーションを消してくれます。

ところが、こうしたきちんとした手順でアプリケーションをアンインストールしても、すべてをきれいに消し去ってくれるわけではありません。レジストリキーを元に戻してくれなかったり、環境変数を元に戻してくれなかったり、ファイル名を戻してくれなかったりします。いわゆるごみが残るのです。

つまり、従来型のアプリケーションのインストールとアンインストールは、コンピューターに多大な影響を与えるのです。

もし、スマホのように、インターネット経由でユーザーが知らないうちにアプリケーションをアップデートされたら、PCが正常に動作するための阻害要因になりかねません。アプリの容量が大きいという以前の問題です。

ここでアプリケーションの仮想技術が登場するわけです。

アプリケーション側にはOSやレジストリ、環境変数を変更したように見せかけますが、実際にはOSを一切変更していないという技術です。

こうすることによって、OSを変更せずに、アプリケーションをインストールしたり、アップデートしたりできるようになりました。

インストーラー形式からC2Rへ

このアプリケーション仮想化技術をベースにして、新しいインストール方式が登場します。「C2R」(Click to Run =クイック実行形式)と呼ばれるものです。

従来のマイクロソフトのアプリケーションインストールは、かつてはMSIと呼ばれる方式でした。インストーラーがOSに変更を加えて、アプリケーションの実行環境を整えてあげるというものです。

これに対して、アプリケーションを起動するたびに、クラウドから最新版を確認し、アップデートされた部分だけをストリーミングで取得するインストーラー形式がC2Rです。

C2Rは、アプリケーション仮想化技術を使い、インストールするアプリケーションに仮想的に変更されたようにOSを見せます。実際にOSに変更は、加わっていません。

マイクロソフトは買収した企業を使って、アプリケーションをインストールする仕組みそのものを変えたわけです。こうすることで、スマホと同じ常に最新を提供することを可能にしました。アズ・ア・サービス化されたということです。

世界中でコンテンツを配信する仕組みを整備

マイクロソフトは2020年春、Windows 10を搭載したデバイスが10億台を突破したと発表しました。

Windowsのユーザーはものすごく多い。Officeのユーザーも多い。世界中で何億という人間がマイクロソフト製品を日常的に使っています。それらすべてをアップデートしていくのは容易ではありません。

そのために世界中にキャッシュサーバーを設置しています。キャッシュサーバーとは、データを一時的に保存しておいて、ユーザーからの要求があれば本来のサーバーに代わってデータを送るサーバーのことです。

マイクロソフトは、このキャッシュサーバーを使って世界中にコンテンツを配るCDN（Content Delivery Network＝コンテンツ配信ネットワーク）という仕組みを整えています。

マイクロソフトは、ソフトウエアを変え、CDNを整えて、はじめてWaaSやMicrosoft 365というアズ・ア・サービスを完成させることができました。

世界中のPCをアップデートさせていく

本来なら、常に最新のIT環境を提供して、従業員の生産性を向上させるのが企業の情シスの存在意義です。

しかし、人手不足の情シスではとても手が回りません。IT管理者にしてみれば、アップデートやリプレースは面倒臭いのでなるべくやりたくない。

PCを使う従業員自身も、常にアップデートされていないからといって、特に困るわけではありません。むしろ、使い慣れたインターフェースを変えてほしくない、という方もいることでしょう。

ユーザーからすれば、5年や10年のスパンでOSがアップデートされるというので別にかまわないのです。

そうした現状の中で、マイクロソフトが長いアップデートサイクルを許容してきたのが実情でした。マイクロソフトはこうした状況に危機感を抱き、クラウドファースト、モバイルファーストを掲げてＷａａＳ戦略に走っているのです。

マイクロソフトが特に脅威を感じたのはスマートフォンでしょう。AppleのｉＯＳやGoogleのAndroidがあんなに気軽にアップデートできて、次々といいものを出すようになりました。

しかし、従来のマイクロソフトの流通形態、WindowsやOfficeの提供形態では、どうしても5年から10年という長いスパンでアップデートしていくということになります。それでは競争力が高まりません。

危機感を抱いたマイクロソフトが目指したのは、ただ月額化するという安易な方法ではなく、自分たちの製品を抜本的に革新するという地点でした。ＷａａＳは、単なる月額化とは根本的に違うのです。

スマートフォンと同じように、世界中のＰＣを常にアップデートさせていくためのＷａａＳなのです。

マイクロソフト社の企業理念すら変わった！

「すべてのデスクと、すべての家庭に1台のコンピューターを」

マイクロソフト社を創業したビル・ゲイツが1980年代に掲げたのは、このミッションでした。これはご存じの方もいるかもしれません。シンプルでインパクトのあるミッションです。

80年代、PCがある一般家庭や職場はごく少数でした。しかし今では先進国ならほとんどの家庭や職場のデスクにPCがある時代。マイクロソフト社はこのミッションをほぼ達成しました。

スティーブ・バルマーCEOの時代を経て、2014年にCEOに就任したサティア・ナデラは、ITを取り巻く環境の変化を踏まえて、ミッションを次のように変えました。

「地球上のすべての個人とすべての組織が、より多くのことを達成できるようにする」

コンピューターというモノを提供することを超えて、コンピューターによるパフォーマンスの向上というコトへとミッションを転換したと言えます。

アマゾンは１９９４年の創業で、２００２年にアマゾン・ウェブ・サービス（ＡＷＳ）を始めました。

グーグルのエリック・シュミットＣＥＯがクラウドを提唱したのは２００６年。

マイクロソフト社がアプリケーションの仮想化技術を持つ会社を買収したのも２００６年のこと。

２０００年代に、世界が一気にクラウド化へと動き出す中で、マイクロソフトはクラウドファースト、モバイルファーストの名のもと、ＷａａＳという一貫性ある戦略を進めているのです。

完璧を求めず、イノベーション優先

日本人は勤勉だと言われています。まじめだと言われています。しかし、その裏には、他人のあらを探してたたく文化があると私は考えます。原因究明や再発防止といえば聞こえはいい。しかし実態は犯人捜しではないでしょうか。

コロナ自粛期間の「自粛警察」が象徴的でした。他県ナンバーのクルマへの嫌がらせがニュースで取り上げられていたのが記憶に新しい方もいるでしょう。日本は、自分ががまんしているから、あなたもがまんしろという同調圧力が強い社会です。そこから少しでも外れると、寄って集《たか》ってたたくのです。

では、トラブルを避けるにはどうすればいいか。それは、何もしないことです。新しいことを何もしなければ、新しいトラブルはゼロです。

なるべくアップデートをしない。なるべくそのまま使う。そんな志向が一番安全です。「アップデートし続けるなんて、何を考えているんだ。全部テストしていたらきりがないじゃないか」という感覚です。

挑戦にはミスはつきものです。進歩・進化のために挑戦することよりも、ミスせずに現状を維持することを重要視していると、社会は風通しの良さを失って縮こまってしまいます。

マイクロソフトのWindows 10のアップデートに関しては、パイロット運用というものを推奨しています。まずパイロットとして出して、トライ・アンド・エラーを繰り返して問題を解決していく。そうすれば、次の段階で外へ広げたときにはその問題は起こりません。

一気に広げてしまうと、トラブルがあったときに対応が大変になりますが、パイロット運用で問題を修正してあれば、サポートの窓口も混みません。トライ・アンド・エラーの効果が最大化されます。

マイクロソフトはこのトライ・アンド・エラーという考え方を推奨しているのですが、日本人はトライ・アンド・エラーのやり方がなじみません。ユーザーが文句を言うからです。

日本人が最初から完璧を求めてしまうのは、悪い癖だと思います。アマゾンで買い物をしたとき、不良品が届いても、返品すればすぐに新品が送られてきます。返金も早いです。これがアメリカのやり方ですが、日本ではそうではありません。そもそも最初から完璧を求めるのが日本のやり方です。

品質に対する考え方が日本とは違うのです。とはいえ、インターネットショッピングが普及して、日本人も最近はこうしたやり方に慣れてきているような気がします。バグが不良品と思う日本の感覚は、多分、世界でも少数派です。「ソフトウエアのバグなんて当たり前でしょ」というのが世界の常識。「ウェブブラウザーが固まれば、リロードボタンを押せばいいじゃん」という感覚です。

イノベーションの速度を上げていかなければならないこの時代にあって、最初から完璧を求めていては時代についていけません。

多少のトラブルやミスがあるのを前提にして、新しいことに挑戦していかなければならないのです。

WaaSの3つの問題点

マイクロソフト社の新しい理念である「地球上のすべての個人とすべての組織が、より多くのことを達成できるようにする」を実現させるには、Windows10をアズ・ア・サービスとしてアップデートし続ける必要があります。なぜなら、技術革新のスピードは速くなる一方だからです。

マイクロソフト社は根幹となる理念をバージョンアップさせ、WaaSという新たな仕組みをつくりました。

WaaSは、ユーザーにとってもメリットが大きなものです。ユーザーはバージョンアップを気にすることなく、常に最新の状態に保たれるからです。

ただ、WaaSに問題がないわけではありません。マイクロソフト社は10年、20年という長いスパンでの解決を考えているかもしれませんが、現状は3つの課題があります。

一つはネットワーク。CDN（コンテンツ配信ネットワーク）を整えましたが、Windows全体をアップデートするとなると、ネットワークが耐えきれないというのが実情です。日本では2019年の夏、Windows 10のアップデートが原因でインターネット回線の通信遅延が起きたという報道がありました。通信回線がまだ大容量の通信に追いついていません。

さらに、企業のネットワークにおいてはもっと厄介なことが起こります。

今の企業のネットワーク、その外敵からの守り方は「境界線のネットワーク」と呼ばれるものです。

代表例が「ファイアウォール」。インターネットの入り口を守って、ここで攻撃をはね返して、中の安全を保つという方式です。

このファイアウォールは全通信をチェックしなければなりません。このため、ネットワークがどんなに高速でも、最終的にすべてのトラフィックが通る入り口がボトルネックになってしまうのです。

ただでさえインターネットが混みやすいうえに、ゲートウェイの部分がボトルネックになるという事態が続発してしまいます。

二つ目はアプリケーションの問題です。先ほど触れたように、Office は大変革を経てC2Rという形式でアズ・ア・サービスとして提供できるように進化しました。しかし、世の中にはまだアズ・ア・サービス、サブスクリプションになっていない従来型のアプリケーションが数多く存在しています。

さらに、企業によってはその企業特有のつくり込んだアプリケーションが稼働しています。カスタマイズ大好き日本には、特にこれが多いのです。これらが Windows のアップデートのスピードについていけないのです。

そうなると、Windows 10 のアップデートの前に、自社で使っているアプリケーションの動作を確認・検証するというプロセスが最低限でも必要です。マイクロソフトのアプリケーションを勝手に最新のものにアップデートしてしまうと、他のアプリケーションに問題が起きる可能性があるからです。アプリケーションの互換性の確認を含めて、IT管理者がアップデートをコントロールする必要が出てきます。

3つ目の問題がデバイスです。

まだアズ・ア・サービスになっていない旧来型のアプリケーションがありますが、ましてやデバイスはそれ以上に古い物を使っているケースがあります。特に日本はPCの入れ替えサイクルが長い。

WaaSという形でOSが進化し続けるようになっても、ネットワークも、アプリケーションも、デバイスも付いていけない現状があるのです。

ネットワークとアプリの問題は時間が解決する

それではどうするか。マイクロソフトはネットワークとアプリケーションの問題は時間が解決すると考えているようです。

一つ目のネットワークは、5G（第5世代移動通信システム）などの新しい通信技術が出てきて速くなります。

ファイアウォールもいずれなくなります。

そもそも、テレワークが広がれば、従業員がどこのネットワークに接続しているか分かりません。ファイアウォールで守るということ自体が成り立たないのです。ファイアウォールはもう古いのです。いわゆるゼロトラストネットワークという考え方です。

ファイアウォールがクラウドサービス発展のネックになっていましたが、ゼロトラストネットワークの普及によって、この問題は解決します。

二つ目のアプリケーションの問題も、クラウドサービスへの移行で解消されます。いずれは従来型のアプリケーションはなくなるでしょう。

スマートフォンのアプリケーションは毎日のように何かしらアップデートされています。アズ・ア・サービスとして提供されて、勝手にアップデートされているわけです。PCもスマートフォンと同じように、OSが勝手にアップデートされて、アプリケーションも勝手にアップデートされていくことになるはずです。

現状では、IT管理者がアプリケーションをインストールして、その都度、アップデートしなければならないから手間なのです。互換性の問題も生じます。

しかし、新しいインストーラー形式であるC2Rによって、OSもアプリケーションもすべてアズ・ア・サービスとして提供されれば、ユーザーにとっては何の問題もありません。

デバイスだけは時間が解決しない

最後に残るのがデバイスの問題です。

PCを購入するという現状のスタイルでは、リプレースが進みません。デバイスのアップデートは物理的なものも含めて、配送やデータ移行など、何かと面倒臭いことが多い。これが時間で解決するかといわれると、まだその見通しは立っていません。回線が5Gになり、ゼロトラストネットワークが普及し、OSやアプリケーションがアズ・ア・サービスへと移行しても、デバイスだけは古いままです。

せっかくOSとアプリケーションがすべてサブスクリプションになって、アップデートし続けることができるようになったとしても、デバイスが足を引っ張るわけです。

この課題を時間が解決するとは、マイクロソフトはまだ思えていないようです。それではどうするか。ＤａａＳにするしかないのです。

ＤａａＳを起爆剤に、日本をアップデート

世界はＷａａＳなど思い切ってアップデートする仕組みへとかじを切っています。日本が変わらなければ、世界はもう手の届かない所に行ってしまいます。

大切なのは、アップデートさせていくこと。このことは、アプリケーションやデバイスといったＩＴ業界のことだけに限りません。

常にあらゆるものをアップデートさせて、向上させていく。その中で人間としても向上すれば、どんどんキャリアも上がっていく。そうすれば、給料も上がり、ビジネスのレベルも上がり、売り上げも伸びていく。

今、動き出さなければ、多分、このままコストカットによる現状維持路線を突っ走ってしまいます。

ＩＴにおいては、教育現場は20年も欧米に差をつけられていると言われています。ＰＣ運用現場も20年遅れているそうです。

Windows XP 時代のＰＣ運用管理手法をいまだに続けている企業が多いのが現状で、そのやり方を Windows 10 の管理に適用できるわけがありません。

変えるためには、生みの苦しみがあるでしょう。痛みは伴います。それでも、ＰＣの管理を変えることが、日本をアップデートさせていく一助になるはずなのです。

対談

DaaSが
日本のIT環境を
世界基準に変える
起爆剤に！

日本マイクロソフト株式会社でデバイスを担当する執行役員の梅田成二氏と、DaaSの未来について語り合いました。

梅田成二氏

日本マイクロソフト株式会社
執行役員
デバイスパートナーソリューション事業本部長

かつてのオフィス環境のように、ＩＴインフラが重要に

松尾：まず、マイクロソフトはなぜ、ＤａａＳに取り組もうと考えたのでしょうか？

梅田：ＩＴインフラが今やオフィスのような存在になったことが大きな理由です。コロナ禍になって、さらにこの状況が加速しました。オフィスに行かずに自宅で働くようになると、自分と会社をつなぐものは会社から支給されているパソコンやネットワーク越しに入る業務アプリケーションです。就職や転職で会社を選ぶとき、その会社のオフィスがどこにあるか、駅から近いか遠いか、駅から雨に濡れずに行けるか、広々として快適かといったことを気にするじゃないですか。オフィスに行かずに家でＩＴインフラを使って仕事する機会が増えたわけですから、パソコンが遅かったり、アプリケーションを立ち上げるたびに違うパスワードを入れなければいけなかったりするのは不便なわけです。

私はマイクロソフトに20年近くいますが、最初に入ったときに感じたのはとてつも

なくＩＴが便利だということ。出社をして、パソコンを立ち上げて、パスワードを１回入れるだけで、社内のファイルだろうがアプリだろうが使えてしまいます。パスワードをいちいち入れないでいいのです。日本の会社だと、情報漏洩を防ぐという名目のもと、パソコンを外に持ち出すのに上司の許可が必要だったりしますよね。

松尾：上司にパソコンの画面を見せて、「データがないから持ち出していいですか？」とチェックしてもらう会社がかつてありました。上司が「よし」と目視確認するわけです。

梅田：「このパソコン内部にデータが入っていませんよ」ということですか？

松尾：そうです。データを持ち出してはいけないといっても、そんなの全部チェックできません。ですから形式的になるわけです。

梅田：そのときはデータが入ってなくても、外に出てからネットワークを通してダウンロードできないんですか？

松尾：できます。

梅田：それだと意味がないですよね。そういった「やった感」を出そうとする会社もあります。なぜそうなっているかというと、ＩＴ部門の人たちが、トラブルが起こらないことを優先するからです。

ＤａａＳが優れていると思うのは、ＩＴの専門的な知識を持つ社員がいない会社でも、デバイスをどう使うか、どういうセキュリティーポリシーにするかといったことを含めて、高いレベルでデバイスを管理できる点です。中小企業にはＩＴ部門はそもそもないことが多いですよね。

大手企業にはＩＴ部門があって、海外はどんなＩＴ環境なのかなどについて日々勉強をしているので、比較的社員の生産性を上げるような方向でデバイスが設定されていたり、運用ルールが決まっていたりします。それでも松尾さんが先ほど言われたようなケースもありますが、ＤａａＳは、日本が世界基準から見たときに遅れた不便なＩＴ環境をグローバル基準に持っていく起爆剤になるのではないでしょうか。

松尾：なるほど。

変化のスピードアップに対応するクラウドファースト

松尾：ＤａａＳは、米国のマイクロソフトが最初に提唱した概念ですよね？

梅田：そうですね。

松尾：PC as a Service というのは、最初はメーカーが言い始めたような気がします。

梅田：メーカーが言い始めたのは、パソコンの買い替えサイクルを早めていこうという意図があったと思います。日本の法人のパソコン買い替えサイクルは平均4～5年。ただ、中小企業は5・4年くらいと長く、壊れるまで使うケースが多い。そこをもう少し早めたいという考えがメーカーサイドにはあったと思います。

一方で、マイクロソフト側、ソフトウエア側から見たときには、ソフトウエアは最新のものが、一番クオリティが高い。インターネットが世界の隅々までつながるようになり、セキュリティーのリスクがものすごく高まってきました。いろいろな国からマルウエアのようなものが勝手にパソコンに侵入してきて、データを勝手に暗号化して、「解凍したければ金を払え」と脅すようなことがビジネスとして成立するようになったのです。

そのとき、パソコンのセキュリティー対策をしていないのは、鍵をかけてない家に空き巣が入り放題というのと同然です。鍵をかけようと思っても、悪意を持って侵入してくる側が日々、鍵を開けるための技術を革新しています。ある程度、危なそうな所にパッチを当てて応急処置できますが、大元のOSの設計や、その下のレイヤーのハードウエアの設計を根本的に変えなければ侵入を防ぎきれません。

かつては、機能のアップデートやOSのバージョンアップで対応してきました。しかし、攻撃する側が新しい技術を絶え間なく開発するので、Windows XPを出して、その次にＶｉｓｔａを出して、次に7を出してというのでは追いつかなくなりました。あれは3～4年周期ですかね。

松尾：実質5年でした。

梅田：それだともう間に合いません。セキュリティーを守りながら、世の中のトレンドに合わせて機能を上げていくために、絶え間なくアップデートしていかなければなりません。

松尾：それがクラウドファーストという考えですね。

梅田：そうなんです。かつてはマイクロソフトがWindowsやOfficeを開発するとなると、何万人ものプログラマーを抱えて、最初に機能仕様書を何万ページと書いて、そこからプログラム仕様書というのを起こして、それを基にプログラマーたちがプログラムし始めて、マイルストーン1、マイルストーン2と10個ぐらい刻んでいって、ようやくベータ版ができました。最近はベータ版という言葉を聞かないじゃないですか。昔はRelease candidate 1、Release candidate 2と。

松尾：RC1、RC2と呼んでいましたね。懐かしい。

梅田：最終的な製品版を昔はRTM（Release to Market）と呼んでいました。今やこれも死語です。ウェブにすぐ上げてしまうので、RTW（Release to Web）もしくはGA（General Availability）と呼んでいます。

フェイスブックやアマゾン、それにOffice 365もそうですが、4年も5年もユーザインターフェスが同じということはありえません。しょっちゅう変わっています。クラウドの開発では、何千人、何万人という人たちを4人ずつくらいの小さなチームに分けます。仕様書を書く人とコードを書く人、テストする人、全体のプロジェクトをマネジメントする人の4人くらいのチームが数千個単位あって、それぞれが4週間おきに機能を開発しているんですよ。このため、Office 365やTeamsは4週間ごとに機能が向上しています。Office 365はずっと進化していますが、1年に1回スナップショットをパチンと撮って、パッケージ版のOfficeにしています。サティア・ナデラが社長になったとき、ソフトウエアの開発手法は劇的に変わりました。

松尾：あんなにも変われるんだと驚きました。

ハードウエアのアップデートも不可欠

梅田：ＤａａＳの構成要素としては、モダンなパソコンと高速ネットワーク、クラウドサービスの３つの組み合わせが欠かせないと思います。ハードウエアも実はかなり変わっているんです。WindowsのパソコンはＣＰＵやメモリ、ストレージなどがあれば誰でも作れます。自作パソコンという分野があるくらいですから。放っておくと、進化は止まってしまいます。

もちろんＣＰＵ単体やメモリ単体の進化はありますが、立ち上がりが早いとか、サクサク動くとか、音声でコントロールできるとか、タッチパネルで操作できるとか、ユーザー体験の進化の方向性を定めて業界全体を引っ張っていくのは、エネルギーを要する作業です。

私たちは数年前から「モダンPC」というものを定義して、仕様をつくっています。たとえば、パソコンはすぐに立ち上がらないと使わなくなるじゃないですか。スマホなら電源を入れたらすぐ立ち上がるのに、古いパソコンだと電源をオンするとハードディスクがカラカラ回ってやっと立ち上がります。それではパソコンを開ける頻度が落ちてきます。その大きな原因はストレージにハードディスクを採用しているからです。そこで、早く立ち上がるSSDを採用してください、と仕様を決めるわけです。リモートワークでビデオ会議することが増えているので、パソコン内蔵のマイクも多少遠くから話している声でもきれいに拾うようなものにしましょう、というガイダンスをつくるんですね。

松尾：マイクロソフトはソフトウエア開発を劇的に変えてWindows as a Serviceを生み、さらにハードウエアも進化させようとしているわけですね。スマートフォンを5年使う人はまずいません。パソコンも同じようなサイクルにしていかないと、ソフトウエアだけが進化していっても、たとえば顔認証をやろうと思ったら立体を認識できるカメラが必要なんですね。ハードウエアも進化していかなきゃならない。

梅田：そのために、カテゴリーをつくっていくというのがSurfaceの宿命です。

松尾：壮大な実験的な要素があるんですね。

梅田：そうです。何がしか新しい試みをやっていかないと技術は停滞してしまいます。

松尾：次々と新しいものに挑戦していくわけですね。Office 365をただの月額パッケージにしたと思っている人たちがけっこう多いんですよ。しかし、そうではありません。マイクロソフトはOffice 365をつくるにあたって、まず開発体制を変えて、アップデートの機構を整えて、インストール形式を変えて、さらに世界中にＣＤＮ（コンテンツ・デリバリー・ネットワーク）を張り巡らせて、キャッシュサーバをつくって、何億人向けにアップデートできるようにしました。膨大なパワーをかけているんですよね。

ＷａａＳを立ち上げて、最新のものへと常にアップデートさせていくのに、デバイスが5年も6年も変わらないのはままならないという思いからＤａａＳなのかな、と私は勝手に思っていたのです。

梅田：それは間違いないです。今おっしゃったように、ソフトウエアやサービス側の機能向上に合わせてやっていく部分が一つあって、それが先ほどのカメラの認証の話だったり、タッチやファーフィールドマイクもそうです。

もう一つは、先ほどのセキュリティーの問題です。攻撃側のテクノロジーがどんどん上がってきています。セキュリティーを守るのはＯＳがやれるのですが、ＢＩＯＳ（バイオス）が動いて、ＯＳが立ち上がるまでの間に入ってくるような悪意のあるソフトウエアもあるんですね。そういうことを考えると、ハードウエアも変えていかなければなりません。

松尾：ＷａａＳを始めたマイクロソフトがＤａａＳを推し進めるのは必然なんですね。

優秀な人材を採れるかどうかは、ＩＴインフラ次第

松尾：ＤａａＳに対する認識が固まって、みんなでその方向に進んでいくかというと、物事は、そう簡単ではありませんよね？

梅田：これは買う側と提供する側の両方の課題があります。買う側は、ＩＴインフラをコストと見なすか、投資ととらえるかの違いがあると思います。

松尾：最初の話に戻るんですね。

梅田：パソコンを壊れるまで使うという企業はまだ多い。そうした企業では、パソコンに月々お金を払い続けるということに対して抵抗があるわけです。そこは経営者の意識にかかっていると思います。経営者が意識を変えないと、優秀な社員が入ってこないと思います。

松尾：最新の薄型のパソコンを使っている学生が、会社に入るなりものすごく重いパソコンを渡されたら嫌になりますよね。「自分のパソコン使っちゃダメですか？」と。

梅田：そうなりますよね。日本の会社では、社長や役員が一番いいパソコンを使っていて、部課長クラスになると少し落ちて、平社員が安いものを使っているというのがよくあるパターン。テレワークのために重たいパソコンを自宅に持って帰るのは大変です。立場が上になればなるほど部下がつくった資料を見るくらいで、パソコンを使って資料を作成したりはしません。

下の人こそいいパソコンを使うべきです。

若手社員の「こんなパソコンじゃ、2時間で終わる資料作成が4時間かかってしまう」、就活生の「こんな古いパソコンの会社じゃ働きたくない」という話が耳に届かないと、なかなか経営者の意識は変わらないと思います。

松尾：それが会社の閉塞感につながっているのでしょう。

梅田：そうですね。例えば、アメリカのシリコンバレーの会社ではきれいなオフィスをつくって、社員にご飯を無料で提供するケースなどが増えてきました。それを見た日本の企業でも、最近はきれいなオフィスにして、フリーアドレスで、内装も今風におしゃれにして、というのが出てきました。

オフィスの変化は大企業から始まって、中企業、小企業に徐々に伝播しています。こういうことをしないと人が集まらないという意識が経営者の間に浸透してきました。

ところがこのコロナ環境下、「あれ？　みんなオフィスに来ないけど……」となるわけです。これまでオフィスに目が向いていましたが、パソコンが気になり出すわけですね。シリコンバレーの会社に行くと、会社のパソコンの持ち出しという概念がそもそもありません。基本はBring your own device。会社から支給されるデバイスもありますが、それ以外に自分が個人で買ったパソコンも持ち込みできます。iPhoneでもAndroidでもなんでも、会社のネットワークにつなげられるのが当たり前です。

その代わり、つないだ瞬間、会社のネットワークでコントロールできるようなデバイス管理ソフトがダウンロードされて、セキュリティや情報漏洩防止機能が自動設定されるのです。

ユーザーの体験価値を上げていく工夫

松尾：きちんと設定されていれば、何のデバイスだっていいわけです。外からの攻撃の対象は、個人も会社も関係ありません。会社から支給されたデバイスなら安心だという考えでは、注意力が散漫になると思います。個人もある程度はＩＴを使う責任を負わなければいけません。

梅田：そうなんですよ。フィッシング詐欺は巧妙化しています。これに対抗していくには社員教育も重要で、うちの会社のＩＴ部門は、マイクロソフトのアップデートを語ったり、社内のＩＴ部門を装ったりしているフィッシングメールを定期的に社員に送ってきます。それをクリックしてしまうと、「ブッブー！　あなたは引っ掛かりました」となって、そこからトレーニングが始まるんですよ。これはＤａａＳの未来にも関わる話です。

松尾さんがおっしゃるようにＤａａＳは単純にパソコンを月額課金にするだけの話ではありません。サービスやモノの価値が目減りするのではなくて、上がっていかないとダメなのです。とはいえ「上がっていく価値というのは何？」というところが難しくて、横河レンタ・リースの「Ｃｏｔｏｋａ（コトカ）」は、ＩＴ部門が担っているデバイスの配布や回収、発注といった作業をサービスとして提供することで価値を増大させていくという考え方だと思います。それをさらに進めると、先ほどの偽のフィッシングメールのような、大企業のＩＴ部門が社員のＩＴリテラシー向上のためにやっている活動にまで踏み込めるのではないでしょうか。

松尾：私たちのＤａａＳでは活用Ｔｉｐｓ動画の検索ページという動画コンテンツをつくって、マイクロソフト公式ユーチューブのコンテンツを厳選してタグづけしようと考えています。

梅田：「Ｃｏｔｏｋａ」の中にマイクロソフト公式ユーチューブチャンネルが埋まっているということですね？

松尾：そうです。新入社員向け、中級者向け、上級者向けといったものを会社ごとにつくれるようにしようかと考えています。「新入社員はまずはこれを見なさい」というたように。

梅田：いいですね。

松尾：マニュアルをダラダラ読まないじゃないですか、今どき。

梅田：読まないですね。

松尾：分からないときに検索できるようにしたほうがいいと思いました。これをなぜ始めるかというと、一つは先ほど言ったセキュリティーのリテラシーを上げていくため。もう一つはデバイスを使う体験を常にアップデートしていくためです。デバイスに含まれるOffice 365、Microsoft 365の使い方にもっと習熟して、体験を向上していってもらいたい。使い方を知らないと、わざわざ不便な手順でやっていたりするんですよね。

私は「ワクワク仕事する」という感覚が大事だと思います。テレワークになると、管理者は部下がどこで何をしているか分かりません。実は、意外と上司は部下がサボっていたらどうしようとは思いません。普段そんなに見ているわけではないからです。

私もメンバーが40人くらいいますが、すべて目が届くわけではありません。

管理者側は、むしろ働きすぎてないかを気にしています。人事もそうです。ところが、従業員側は「働いていないと思われているのでは……?」と心配する場合も多いようです。これはエンゲージメントがうまくいっていないことの表れだと思います。

PCを選ぶ裁量を与えたほうがエンゲージメントが高まる

梅田：海外のヒューマンリソース戦略の研究分野では、会社や仕事に対してロイヤリティーが高かったり、どんどん自ら新しい課題を発掘しようとしたりして、自分が与えられた仕事の分担を越えて動く人をエンゲージメント度合が高い社員と呼んでるんですね。

伸びている会社と伸びてない会社を調べたとき、もちろん採用戦略としてはできるだけ優秀な人を採るのが基本ですが、エンゲージメントが高い人たちが多い会社ほど伸びるという研究成果があります。

それではエンゲージメントを上げるには何をしたらいいのかというと、裁量を与えることです。裁量というのは、仕事の範囲もありますし、働く時間、勤務の仕方、場所もあります。これらを自分で決められるということです。当たり前といえば当たり前です。ワーキングマザーがこれだけ増えているのに、会社に9時から5時までいて、タイムカードを押して帰るというのではエンゲージメントは上がりません。

パソコンも一緒で「あなたは平社員だからハードディスクがカラカラ回る古くて安いやつです」というよりも、「この5機種の中から好きなのを選んでください」としたほうがいいじゃないですか。そういうふうに裁量を与えると、社員はモチベーションが上がって、上司から言われる仕事以上のことをやり始めるというわけです。

どちらかというと日本の会社は逆で、いろいろ縛って、管理して、監視して、その挙げ句に「いや、うちの若手社員からは全然いい提案が出ないんだよな」と愚痴るわけです。出るわけありません。

松尾：やらされ仕事にならないように、仕事の意義を実感して「やりたい」という気持ちを喚起するようなエンゲージメントが重要ですよね。

梅田：その一環としてパソコンも大事なツールになるということです。

松尾：パソコンが不便だったら仕事がしたくなくなります。

パソコンを起動して、パスワードを入れて、VPN接続して、そこから各システムにまたログインしてという状態だと、家に帰って来て、荷物を下ろして、「あ、そうだ。あの1本のメール書いておかなければ。あ、でも……」とパソコンを開けるのがおっくうになってしまいます。

梅田：面倒くさいですよね。

中小企業にとってDaaSは福音になりえる

梅田：専任のIT部門がない中小企業の場合、DaaSを導入してしまえば、デバイスをはじめとするIT環境のインフラ管理にわずらわされなくなります。DaaSサービスの提供者にほとんどを任せられるからです。中小企業にとってはDaaSはものすごい福音になると思います。

2020年にWindows 7のサポート終了がありました。あれでPCのリプレースが進み、パソコンの売り上げが伸びました。久しぶりに1700万台以上売れたのです。

　私は一度、中小企業の現場を見に行きましたが、大変なんですよ。私が見に行ったのは社員100人くらいで、売り上げがしっかり出ている会社です。ところが、オフィスにパソコンの箱がうず高く積み上がっていました。「これ、何ですか?」と聞いたら、IT部門がいないので、総務の人が週末に出てきて、一個一個パソコンを立ち上げて設定して、パスワードを入れているそうです。しかも、社員一人ひとりが書いた「僕はこのアプリがいる」「私はこのプリンタを使っている」という紙を見ながら、ポチポチ打っているんですよ。ものすごい労力です。

　DaaSが優れているのは、そうした中小企業が導入すれば、大手企業と同じようなIT環境に一変することです。「ITって、こんなにも楽で便利なものだったんだ」となると思います。

松尾：なるべくコアではない業務は外に出しましょうということなんですよね。労働人口減少が叫ばれる中で、社員にはもっともっと価値を上げていく仕事をしてもらわなければならないのに、パソコンのセットアップに労力をかけている場合ではありません。もちろんパソコンは重要ですよ。今やどんな同僚や上司よりも一番顔をつき合わすようになりましたから。8時間見ていますからね。妻や子どもよりもよっぽど見ています。

梅田：コロナ禍でオフィスの面積を縮小している企業が多いので、その分のコストをＩＴ環境に使ったほうがいいですよね。

松尾：少し前まで日本のテレワークは進展してなくて、みんなオフィスに来るのが当たり前で、そこから変わろうとしませんでした。私はＣｏｔｏｋａのコンセプトをいろいろな人に見せてきましたが、コロナになる前と後ではリアクションがまるで違います。

コロナが来るまでは、日本のテレワーク事情は、あと5年くらいかけて進展していくと思っていました。オフィスの外にいる人が、オフィスの外にいる人をいつでもどこでも面倒見るとなったら、ユーザーダイレクトのアウトソーシングサービスというのが重要だと思います。

梅田さんから見て、ＤａａＳに対する感覚は、コロナの前と後で何か変わったところはありますか？

梅田：全然違いますよ。日本のリモートワークの比率はものすごく低かったんですよね。東日本大震災の後、総務省がリモートワークを進めようとしていましたが、それでもコロナの前は20％くらいでした。

松尾：あと博多駅前で道路が陥没して、その前のビルに入れないというとき、あれもオフィスに行けなくなったから仕事ができないという話になっていました。私は、パソコンがあればできるんじゃないかとあのときすでに思っていました。

梅田：思いましたよね。行政がテレワークにいろんな補助金を付けても導入率は全体の20％くらいで、大企業では46％、中小企業だと15％くらいでした。

これが最近、当社で調べると、都内に限っていうと、もうリモートワークを導入している会社が6～7割に増えました。たくさんの人たちが今回リモートワークを体験したというのは大きいですよね。2020年の4～5月は家電量販店でのパソコン販売が伸びました。今もまだ継続してパソコン関連が売れています。テレビ会議をするから、ウエブカメラや周辺機器系が売り切れになっていますよね。家電量販店に行くと、入荷待ちが続いているじゃないですか。

松尾：私も仕事用の椅子を買いました。

梅田：私も34インチくらいの湾曲ディスプレイを買いました。

松尾：そんなに家にいなかったから家の中の物は気にしなかったんですけど、これだけ長くいるといろいろ気になってきますね。

梅田：家の設備もオフィス化していきますよね。

DaaSをレベルづけして定義する

梅田：松尾さんとはＤａａＳ系のコンソーシアムでご一緒することが多いですが、そこでいつも出てくるのがＤａａＳの定義をちゃんとクリアにしていきましょうという話題。これはクルマの自動運転が参考になると思います。自動運転はレベル0から5まであって、レベル0は運転者のヒトが自分で運転する状態なんですよ。レベル5になるとクルマ側が完全にコントロールして、追い越しも全部クルマが自動でやります。現段階ではほとんどがレベル2で、ヒトが主体的に運転しながら、一部だけクルマ側が自動で動かします。

ＤａａＳもそれに近いところがあると思っています。レベル０は「情シスが全部やります」という段階で、レベル５は「情シスいりません」。今、松尾さんがやられているのは、多分、レベル２〜３のあたりだと思います。そういうレベルづけを業界として設定すると、経営者が予算づけして導入しやすくなると思います。

松尾：そうですね。マイクロソフトがつくったＤａａＳのステップ１から４というのがありますよね。それによると、ステップ４でセルフサービスというのが定義されています。これは会社が介在しないということ。しかし、日本の会社は介在したがりますよね。

梅田：したがります。

松尾：そこに課題が出てくると思います。ＤａａＳの場合、会社は権利を買って、その権利に基づいて個人がサービスを使います。権利の範囲内で使えるものはすべて使えばいいのです。それがセルフサービス化という最後に行き着くところだと思いますが、まだ管理者の承認が必要だという考えが根強い。

梅田：日本企業のカルチャーを変えないとダメということですね。

松尾：そういう点でいうと、このコロナというのはいい機会です。今までの慣習的なことにとらわれずに、新しい試みを始めやすいタイミングだと思います。

おわりに

この本を最後まで読んで頂きありがとうございます。

さて、実際のＤａａＳの導入についてですが、まずは導入してみて、やりながら慣れていくのがいいのではないかと思います。Microsoft 365に含まれる各種クラウドの設定については、標準的なテンプレートを用いるなどして、取りあえず始めてみてはいかがでしょうか。

もちろん、始めたら最後、変更できないというわけではありません。アズ・ア・サービスだからこそ、何か不都合があったり、法改正があったり、社会的な変化があったりしたときには、もちろん変更は可能です。新しい脅威が出てきたりしたときは、常にアップデートされ続けているため対応が可能です。

従来型のＩＴのビジネスモデルでは、こうした対応は難しいものがありました。

というのも、人数と期間を掛け合わせた工数を売るという考え方が根強く残っているからです。ところが、サブスクリプションに期間はありません。なぜならサブスクリプションは、常にアップデートされるという継続性のあるサービスだからです。

ＤａａＳに終わりはありません。ですから工数が見えません。だからこそ、それにふさわしいサポートサービスが必要です。ＤａａＳに含まれるサポートサービスは、日々変化するクラウドの変更に対応できるサポートサービスであるべきなのです。

世界のＩＴ業界がそうであるように、アズ・ア・サービスは走りながら修正して完成度を高めていくべきものと考えられていますし、私もそう思っています。ですから、ＤａａＳの導入もそうあるべきなのではないでしょうか。

また、「はじめに」でも触れましたが、この本は、ＰＣ運用管理者のみならず、ＰＣ以外のモノのサブスクリプション売ろうとしている人、買おうとしている人にもぜひ読んで頂きたいと思っています。

ＤａａＳという概念のみならず、サブスクリプションやアズ・ア・サービスという言葉について、日本ではまだ正しく認識している人がそう多くありません。それは、サブスクリプションを定額課金、リカーリングを従量課金など、間違った説明をする記事が巷にあふれていることからも想像に難くありません。

そして、何よりサービスという言葉自体を多くの日本人は誤解しています。それはサービス精神やサービスタイム、サービス残業などの言葉に表れています。そもそも、サービスは無料ではありませんし、サービスという言葉自体、無料という意味でもないのです。サービスにはコストがかかってしかるべきなのです。この日本人の誤解は、日本人同士の中だけではそれでもいいかもしれませんが、今やここまでグローバル化が進んだ地球上では、そんなことを言っていられる状況ではありません。もはやビジネスの世界は、サブスクリプションやアズ・ア・サービス抜きには語れないのです。

この日本のある意味危機的な状況は、この国のデジタル化の遅れも、影響しているかもしれません。本書では、価値が常に上がっていく、アップデートされていくサービスだからこそサブスクリプションがふさわしいと説明しました。そしてそのアップデートは、ユーザーの体験に寄り添う形であるべきで、そのためにもユーザーにダイレクトに提供されるべきともお伝えしました。数百、数千、数万いるユーザーへダイレクトにサービスを提供するためには、現状の日本は人手不足のため到底不可能で、デジタル化が欠かせません。

売り手も、買い手もサブスクリプション、アズ・ア・サービスへしっかり理解を深めてほしい。買い手もその有効性を理解して、正しいものを選択し、購入してほしい。そうしないと、日本でサブスクリプションやアズ・ア・サービスのビジネスが育ちません。

とにかく、この遅れている日本のデジタル化についても、常に向上していく気持ちがこの国には足りていないのではないかと思います。だからこそ、アップデートが重要なサブスクリプション、アズ・ア・サービスが正しく広まらないとさえ思ってしまいます。

先にアズ・ア・サービスは走りながら修正していくもの、とお話しましたが、こういったことも日本人は苦手です。なぜなら日本人は最初から完璧なものを求める傾向があるからです。これもサブスクリプション、アズ・ア・サービスが正しく認識されない原因の一つになっていると言えます。

さらにアップデート自体が要らないものという認識もあるかもしれません。私は、これが日本の今の閉塞感につながっている気がします。アップデートをせず現状維持を決め込む、違うことをやろうとして失敗すればそれをたたく。これでは、今の世の中は縮こまっていく一方です。もちろん、伝統や文化など変わらず守っていくことが必要なものもあります。しかし、ことビジネスの世界においてそれでいいはずがありません。

ＤａａＳは、いま立ち上がろうとしている段階です。それは、日本だけではなく、グローバルにおいてもです。そして、それは日本が先行していると聞いています。

私は、2020年1月に渡米し、米国のマイクロソフト社、インテル社のDaaSビジネスを担当する方々と意見交換をしてきました。実は、短期ではないレンタルPCというのは日本独特の文化で、諸外国ではこのような「月額のPC」というものはほとんどありません。

米国のマイクロソフト社も、インテル社も「月額のPC」というベースがある日本市場において、DaaSがまず立ち上がっていくのではないかと、その動向を注視しています。

そう考えるとどうでしょうか？　すごくワクワクしませんか？　日本発のサブスクリプション、アズ・ア・サービスとして、DaaSが日本のビジネスのレベルを底上げする、そんな期待が沸き上がってきます。私は、このようなビジネスの立ち上げにかかわることが出来て、うれしくてたまりません。

何より働く人たちにとって、仕事は楽しい、でも会社に行くのはおっくう。出社すれば何かしらの事務仕事、雑用が待っている。直接、仕事には関係ないのですが、やらないと仕事に差し支える。そんなことが、せっかくの仕事のモチベーションに水を差してしまうという経験は誰にでもあると思います。

PC運用というのは、まさにそんな仕事な気がします。「しょうがない」と割り切っているつもりでも、どこか心に引っかかるものがあるものです。とはいえ、これらの仕事は不可欠なものです。

だからこそPC運用及びその周辺の仕事は、レンタルPCとして、これからはDaaSとして当社のようなベンダーに任せるべきなのです。このコロナ過により、「オフィスに行く」が「パソコンの前に座る」に置き換わりました。今や仕事にとって、PCは重要なツールです。この性能一つで仕事の生産性は段違いに変わります。でも、そのために使える手間もコストも限られています。

そんな人たちに「気がついたら、何だか毎日がちょっと楽しい」と感じてもらいたい。最近何だか仕事が楽しい、何でだろう？　それはやりたいことができているから。集中できているから。定時で上がれているから。どこでも働けているから。それによって、プライベートも充実している。それって考えただけでワクワクして来やしないでしょうか？

ユーザーにとっても、ＩＴ管理者にとっても、わざわざ意識されるものでもなく、当たり前のようにＤａａＳがある世界で、人々がより多くの成功を成し遂げられる。そんな世界をつくりたい。特に若い人たちが今の日本に希望を持てなくなる前に。

ＤａａＳが日本全体をアップデートしていく存在になっていくことを願ってやみません。

２０２１年２月　松尾太輔

Profile

横河レンタ・リース株式会社
事業統括本部
ソフトウェア&サービス事業部
事業部長（2021年2月現在）

松尾太輔

Daisuke Matsuo

1979年10月27日生まれ。2002年大学を卒業後、横河レンタ・リース株式会社に入社。入社当時は、Linuxエンジニアで、当時はアンチWindows派だった。その後、大型インフラ構築案件のプリセールスエンジニア、プロジェクトマネージャーを経て、同社が事業継承していた旧横河ヒューレット・パッカードのPC資産管理ツールのプロダクトマネージャーに。PCとWindowsに深く関わるようになる。2013年に同製品を「Flex Work Place」として再立ち上げ。2019年から単独の事業部として、同職。IT mediaエンタープライズやZDNet JapanなどでWindows 10の運用やDevice as a Serviceの解説記事連載などを通して、日本のPC運用現場の改革やサブスクリプション、アズ・ア・サービスの啓もう活動に努める。座右の銘は「人間万事塞翁が馬」だが、なかなか実践できていない。

協力／日本マイクロソフト株式会社

装丁・ＤＴＰ制作／池田香奈子
取材・文／山口慎治
編集協力／長谷川 華（はなぱんち）

デバイス・アズ・ア・サービス
新しいPCの運用とモノのサブスクを考える

2021年3月20日〔初版第1刷発行〕

著　者　松尾太輔
発行人　佐々木紀行
発行所　株式会社カナリアコミュニケーションズ
〒141-0031
東京都品川区西五反田1-17-11
第二東栄ビル701
TEL　03-5436-9701
FAX　03-3491-9699
http://www.canaria-book.com/
印刷所　株式会社クリード

ISBN978-4-7782-0473-0
C0034